El Tesoro

Si buscas el tesoro
y lo encuentras facilito,
es un pobre tesoro.

Si te cansas de buscarlo
porque está muy profundo,
no mereces el tesoro.

Si lo buscas con amor y sacrificio,
tu esfuerzo es oro
aunque no encuentres el tesoro.

Gonzalo Arango

Impreso en Colombia por Imprelibros S.A.
Dirección Editorial y Diseño: Andreína Carvajal
Diagramación y Pre-prensa Digital: *LaserJet* **Tel.: 660 70 85 Cali**
Recopilación de Textos: Carmen Martínez Chaux
Coordinación Editorial: Orlando Zapata Preciado

16a. Edición de 6000 Ejemplares Febrero de 2001

ISBN 958-95750-2-1

15219-150201

Tres pasos

Este libro motiva a conocer y apreciar los **valores éticos y espirituales** para vivir más y mejor.

Son **365 mensajes positivos** que darán excelentes frutos con una lectura pausada y reflexiva.

Se sugieren tres pasos que, de seguro, harán posible que la sabiduría aquí contenida llene el alma de paz y el corazón de entusiasmo:

* 1. Lectura pausada
* 2. Meditación y oración
* 3. Compromiso concreto

"El que escucha y no practica es como el hombre que construye su casa sobre arena; el que escucha y pone en práctica es como el hombre sensato que construye sobre roca". Jesucristo. (Mateo 7,21-27).

OASIS

PARA VIVIR MAS Y MEJOR

GONZALO GALLO GONZALEZ

Cuántos años tenemos

*E*n cierta ocasión alguien le preguntó a Galileo Galilei: "¿Cuántos años tiene su señoría?" "Ocho o diez", repuso Galileo, en evidente contradicción con su barba blanca. Y luego explicó: "Tengo, en efecto, los años que me quedan de vida; los vividos no los tengo, como no se tienen las monedas que se han gastado".

Crecemos en sabiduría si valoramos el tiempo como lo hacía Galileo. Decimos con asombro: "¡Cómo pasa el tiempo!" Pero en realidad somos nosotros los que pasamos. El astrónomo italiano sabía que acá estamos de paso. Somos peregrinos y es bueno pensar en la meta que nos espera. La certeza de que nuestro caminar terreno tiene un final, es el mejor recurso para valorar más cada minuto. Así podemos aprovechar lo único que tenemos: el presente.

Conviene disfrutar cada día como si fuera el último. El ayer ya se fue y el mañana no ha llegado. ¡Aprovecha el Hoy! Eres realista cuando aquí y ahora eliges lo mejor para ti y los demás, sin lastimarte ni lastimar.

1

Año Nuevo

Al saludar un nuevo año se suele decir: "Veremos qué nos trae...", "Espero que traiga esto o aquello...". Son expresiones que acaso dejan traslucir una actitud pasiva frente a la vida. En realidad un nuevo año no trae nada distinto a lo que nosotros mismos procuremos.

Un año no trae días aciagos para unos y felices para otros. Cada cual recoge lo que siembra. La esperanza es una virtud dinámica, luchadora, nos pone en camino, nos mueve a actuar. El dicho: "El que espera desespera" es falso. La desesperación sólo visita al apocado.

A veces la llamada resignación cristiana tiene más de pecado que de virtud. Sólo es áurea y cristiana si aceptamos lo que no se puede cambiar, mientras luchamos por mejorar. El nuevo año será lo que tú hagas de él. Siembra generosamente y no cosecharás con mezquindad.

Ser luz

Quienes conocen a la Madre Teresa de Calcuta dicen que a ella le gusta repetir este aforismo: "Es mejor encender una luz que maldecir la oscuridad". El rico simbolismo de la luz siempre se ha hermanado en las religiones con todo lo positivo: amor, verdad, fe y vida.

Todos tenemos en el corazón una fuente de luz. Todos podemos esparcir luz o tinieblas. Si mi familia o mi país están a oscuras, las cosas no mejoran con maldecir, renegar o criticar. La luz se hace con amor. Quizás es por eso que cuando nacemos se habla de este hecho maravilloso en términos de luz. La madre da a luz. Ante los problemas, ¿en qué grupo estamos? Ojalá sea en el de aquellos que encienden una luz y no en el de quienes maldicen la oscuridad.

Es más preocupante y funesto racionar la luz del amor que racionar la luz eléctrica. En la antigüedad se llamaba lucífero al que portaba la luz, y cristóforo al que llevaba a Cristo; es lo mismo porque Cristo es luz. Esfuérzate por iluminar a muchos con el amor, la justicia y la verdad.

Juego de la vida

*E*n los Juegos Olímpicos no ganan las personas que tienen buena suerte, sino las que tienen buen entrenamiento y buena disciplina. Algunos atletas excusan su fracaso diciendo que no corrieron con suerte. Buena manera de lavarse las manos.

Las personas triunfadoras no deben su éxito al destino. Menos a talismanes o amuletos. Las victorias se alcanzan con entusiasmo, dedicación, esfuerzo y mente positiva. En el juego de la vida podemos ganar medallas de oro, plata y bronce, al pensar y actuar con fe, esperanza y amor.

Cada uno traza su propio destino; a toda persona se le puede decir: "Tú eres el resultado de ti mismo". La que algunos llaman "Buena suerte" no son más que altas dosis de fe en uno mismo, en Dios y en los demás. Si queremos subir al podium de los ganadores no pensemos en la suerte; forjemos nuestro destino con fe, esperanza y amor.

Generosidad

"*M*oneda que está en la mano, quizá se deba guardar La monedita del alma, se pierde si no se da". Versos de Antonio Machado. El mismo poeta de "Cantares", musicalizada por Joan Manuel Serrat. Machado es un poeta que siempre tuvo un horizonte abierto en su poesía para el espíritu. Escribía con el corazón.

Las personas espirituales dejan huellas de bondad. Saben que la riqueza no es para guardarla, sino para compartirla. Los seres humanos somos felices si vivimos para darnos y dar, no sólo para recibir. Ya lo decía Jesucristo: "Hay más alegría en dar que en recibir". La monedita del alma no es para atesorarla con egoísmo, sino para ofrecerla con generosidad.

Quien sabe dar amor, recibe amor y quien sabe ser amigo tiene amigos. Quien da desinteresadamente experimenta que nunca da sin recibir. Es feliz quien sabe compartir. Es feliz quien deja el egoísmo y se muestra generoso y solidario.

Dios existe

*E*n Cien Años de Soledad se cuenta cómo llegó un día a Macondo la enfermedad del olvido. Es un texto muy sugestivo en el que se nos transporta a un mundo imaginario. Todo tiene su letrero para conjurar la mala memoria. Macondo se llena de títulos: "Esta es una vaca", "Este es un martillo", "Esta es una calle".

Un día, en la vía principal aparece el título más especial. A alguien se le ocurre poner un cartel que dice: "Dios Existe". Uno anhela que en la mente de muchas personas no sea necesario colocar ese cartel, como tampoco en muchas casas ni en la ciudad y el país.

No es raro que a un mayor olvido de Dios y de sus preceptos corresponda un mundo emproblemado y caótico. Cuando el hombre se olvida de Dios y tiene tiempo para todo menos para vivir su religión, se eclipsan la paz, el amor y la unidad. Recuerda que Dios existe, ámalo con todo el corazón y todas las fuerzas. Practica tu fe y no andarás en la tiniebla.

Grandeza de Pasteur

*H*ay un hecho digno de especial admiración en la vida de ese gran benefactor de la humanidad que fue Luis Pasteur; semi inválido debido a un derrame cerebral, siguió investigando durante 28 años, hasta su muerte. No sabía compadecerse a sí mismo.

Respondía a las adversidades con una fórmula: sumergirse en el trabajo. Y algo más importante: su fe era firme como la roca. Nunca se avergonzó de ir a misa. Proclamaba que más valía su mamá de rodillas en el templo que todos los científicos de Francia. Sus biógrafos afirman que salió airoso en su trabajo por la seriedad y la dedicación, y no tanto por talentos especiales. La vacuna fue el fruto de muchos sacrificios y una gran disciplina.

Es admirable que este microbiólogo haya descubierto la vacuna después de ese derrame cerebral que mermó sus capacidades. Es ejemplarizante ver a este hijo de un curtidor de cueros, dedicado a la investigación ante el escepticismo y las burlas de muchos.

Dando recibimos

*P*oco antes de morir decía Grace Kelly en un reportaje: "Mi padre era un ser absolutamente honesto, su lema era no recibir nada sin dar algo a cambio y, luchar con disciplina, tenacidad y sinceridad". La famosa actriz reconocía así que la mejor herencia paterna no fue monetaria, sino de orden espiritual.

De Dios, que es puro don y pura gracia, recibimos en su Hijo Jesús la mejor lección para dar sin esperar nada a cambio. Dar desinteresadamente para descubrir con alborozo que "dando recibimos". Amar no es dar cosas, sino dar la vida. Dar de nosotros mismos. El secreto de las personas felices es que un buen día se sorprendieron encontrando la felicidad al darla a los demás.

Es cierto que el don de sí mismo no se hace sin luchar contra el egoísmo larvado que nace con nosotros, pero sólo cuando la vida es un combate, el ser humano conjura su vacío existencial. La educación debe centrarse en inculcar con el ejemplo valores como la disciplina, la tenacidad y la sinceridad. Educar es amar para poder exigir, es dar para poder recibir.

La fe de Haydn

*I*maginar a un músico famoso como Franz
Joseph Haydn de rodillas en oración puede
causar sorpresa a algunos, pero responde a la
realidad. "Me levanto temprano y apenas vestido
me pongo de rodillas y pido a Dios y a la Virgen
que me ayuden en el día. Y si no me viene la
inspiración para componer, paseo por la
habitación con el rosario en la mano, y
enseguida acuden las ideas".

Esta confesión de fe del padre de la sinfonía,
nos muestra que fue tan buen creyente como
genial compositor. Millones de personas
agradecemos al compositor sus 104 sinfonías,
sus sonatas, cuartetos y romanzas. Son un
regalo para el espíritu. El, por su parte, daba las
gracias al Creador: "Sé que Dios me ha dado un
cierto talento y humildemente le doy gracias por
ello".

¿Cómo está tu práctica religiosa? Dedica buen
tiempo a la oración amorosa. Lee todos los días
el texto sagrado. Sin fe viva se muere el alma.

Actitud mental positiva

Se cuenta que Napoleón Bonaparte borró de su diccionario la palabra "imposible"; era consciente de que la mayoría de los límites están más en nuestra mente que en la realidad. Muchísimas veces "imposible" es sinónimo de no intentado.

Sin alimentar falsos sueños y vivir de ilusiones para morir de desengaños, es urgente la necesidad de reforzar la confianza. No se escalan cumbres cuando el pesimismo frena y la inseguridad nos susurra sin cesar "no puedo", no soy capaz". Jesús decía a sus discípulos: "Todo es posible para el que cree". Pero El pedía una fe viva, dinámica, combativa.

Ciertamente hay metas que nunca alcanzaremos y para eso hay que ser realistas. Pero muchos confunden el realismo con el conformismo. Así disimulan su pereza, su inconstancia y su incredulidad. Acrecienta la autoestima, cuenta tus dones y confía en ti mismo. Cultiva una actitud mental positiva.

Justicia y no violencia

*H*ay muchos países con más miseria que el nuestro. Uno de ellos es la India. Allí los cambios significativos se lograron sin violencia. Soñar no cuesta nada, se dice, pero uno sueña con un ser excepcional como Mahatma Gandhi, recorriendo amorosamente los caminos de la tierra con su mensaje de la *Ahimsa*: la no violencia.

"Yo tengo una convicción profundamente arraigada y es la de que sólo la no violencia puede salvar a la humanidad", nos dice. Si somos amigos de la paz o de la no violencia, tenemos que desarmar los espíritus. La flor de la paz se recoge con semillas de justicia social. Compartir es más importante que pintar palomitas.

No asociemos la paz únicamente con las guerrillas. Depende en gran parte de que no haya ira en las miradas, agresividad en los gestos, violencia en el hogar, explotación e injusticia. La no violencia es el mensaje central de la Biblia. Es violencia derrochar o pagar malos salarios. Es justicia compartir y tratar a todos como hermanos.

Seamos optimistas

*E*l optimista ve una oportunidad en cada calamidad; el pesimista ve una calamidad en cada oportunidad. Cultivar una actitud mental positiva nos da alas para volar muy alto. Con positividad transformamos las dificultades en oportunidades. Las personas optimistas dan gracias porque las espinas tienen rosas, en lugar de quejarse porque las rosas tienen espinas.

Pocos viajeros afrontaron más peligros y problemas que Marco Polo. El supo del sol inclemente y de la sed, los riesgos, las amenazas, el cautiverio y la enfermedad. Sin embargo, en la narración de sus viajes se explaya sobre todo lo que despierta su admiración, sin lamentarse por las incomodidades.

Las personas felices no son las que no tienen problemas, sino las que hasta de los males sacan buenos frutos. Las personas sin problemas sólo están en los cementerios o en los manicomios. Apostemos por el optimismo.

Adiós al chisme

Cuentan que Alejandro Magno solía taparse un oído con la mano cuando le traían quejas contra otra persona. Si le preguntaban por qué lo hacía, daba esta respuesta: "El otro oído lo necesito para escuchar al acusado". La maledicencia no existe sólo por los que son amigos de hablar mal de los demás. ¿Qué harían los chismosos si no tuvieran auditorio?

Muchas relaciones naufragan porque hay quienes en lugar de taparse un oído se hacen todo orejas para escuchar al que denigra mal de los ausentes. De Santa Teresa de Jesús decían sus amigas que con ella tenían las espaldas seguras. Jamás hablaba mal de los demás.

En la literatura Yiddish los judíos hablan del rabino que pidió a un chismoso esparcir todas las plumas de su almohada por las calles. Cuando regresó le exigió que volviera a recoger una por una. Algo tan imposible como devolverle la fama a alguien.

Ser como los niños

*T*odos mejoramos al buscar en la infancia tesoros de sabiduría. Es mucho lo que podemos ofrecer a los niños con amor. Otro tanto pueden darnos ellos con su alegría, confianza y espontaneidad. ¿Por qué no abrirnos a la admiración como los pequeños? La infancia es maravillosa porque para el niño todo es una maravilla.

Einstein decía que quien ha perdido la capacidad de asombro ya está muerto en vida. El niño no se acostumbra a la belleza. Vivir como los niños no sólo es recuperar el entusiasmo y la alegría. Es también descubrir la grandeza de lo pequeño. Extasiarse con un amanecer, contemplar deslumbrado la naturaleza, volver al riesgo de la confianza.

Los niños nos invitan a confiar, a creer, a sonreír. No seas complicado ni te dejes entristecer por una seriedad hosca y antipática. Despierta ese niño alegre, sencillo abierto y espontáneo que duerme dentro de ti.

Sólo Dios basta

"*N*ada te turbe. Nada te espante. Todo se pasa. Dios no se muda. La paciencia todo lo alcanza. Quien a Dios tiene, nada le falta. Sólo Dios basta". Muchas personas oran con esta letrilla de Santa Teresa de Jesús, la gran mística Carmelita. Como San Agustín, ella descubrió a Dios en la morada del alma para senvirle con amor en el pobre, el solitario y el necesitado.

Su Autobiografía conmueve por la sinceridad y el amor con que reconoce la acción de Jesucristo en su vida. Impacta tanto, que la filosofía judía Edith Stein, al terminar de leerla, exclamó: "'Aquí está la verdad", se convirtió y se hizo carmelita, muriendo después en un campo de concentración.

Teresa de Jesús fue santa porque hizo la voluntad de Dios. La mística española nos invita a estar siempre en la mejor compañía: la de Dios. Nada te falta si tienes a Dios como Amigo constante. Nada te falta cuando a diario hablas con Dios que mora en tu alma.

Ser y tener

"*E*n su juventud perdió su salud buscando dinero. En su madurez perdió su dinero buscando salud. Y ya sin dinero y ya sin salud, allá está Romero en su ataúd".
A muchas personas que viven para tener y no han encontrado en el amor la mejor vacuna contra la peste del materialismo, les cuadra ese epitafio.

Es ley de la existencia que los que se dedican a poseer terminan siendo poseídos por las cosas. Venden por dinero su paz y su misma vida. Las cosas más importantes de la vida no son cosas. Es feliz quien se contenta con lo necesario, sin matarse por lo superfluo. Aceleremos el amanecer de una sociedad del ser que acabe con esta sociedad del tener cuyo Dios es el dinero. Algún día podremos cantar "Amigo cuánto amas, cuánto vales" en lugar de tararear "Amigo cuánto tienes, cuánto vales".

Jesús de Nazaret nos enseñó con su vida y su doctrina que la felicidad del hombre no está en sus posesiones. Desecha la codicia y no amargues la existencia al sacrificar por dinero tu hogar, tu salud y tu tranquilidad.

La piedra filosofal

*L*os alquimistas buscaron con afán la piedra filosofal. Creían que con ella convertirían en oro otros metales, y que sería una panacea. El pintor flamenco Pierre Paul Rubens le respondió a alguien que quiso ilusionarlo: "Yo ya la encontré en mi paleta y mis pinceles". Hoy en día muchos confían más en el azar que en sus talentos. Sueñan con golpes de suerte como en los cuentos de hadas.

Si la frustración mora en nuestra alma es porque aún no hemos descubierto nuestros talentos o los usamos mal. Así como Rubens se realizó con sus aptitudes pictóricas, todos tenemos dones suficientes para triunfar. Algunos, por compararse con los demás, ni conocen sus dones; otros los entierran, o los subutilizan. Rindamos nosotros al cien por ciento.

Quien se ama a si mismo ejercita sus talentos con constancia y no excusa en la mala suerte los problemas que nacen de las malas acciones o la omisión.

"SOS"

"*H*ablando menos, oramos mejor", decía San Agustín. Y orando más, sufrimos menos y amamos de verdad. Cada día hay más personas que pasan del rezo a la oración. Su plegaria la hacen con el corazón y no únicamente con los labios. Santa Teresa de Avila asegura que la clave de la oración está en amar mucho y no en hablar mucho. Orar, más que decirle a Dios lo que queremos, es saber que es lo que El quiere de nosotros y hacer su voluntad.

Así como en una catástrofe se lanza el "SOS", el hombre sale del naufragio cuando, en silencio, ora, para servir, gracias al poder de esa trilogía: Silencio-Oración-Servicio. Se sabe que el éxito económico del Japón también se debe a la oración. Los japoneses dedican buen tiempo a la plegaria.

Lo que nos hace falta para dialogar con Dios no es tiempo, sino interés y motivación. El mejor libro para orar es el evangelio; el mejor maestro, Jesús; el mejor camino, la interiorización. El mejor logro, la paz del corazón.

Amor y estrés

*L*as enfermedades del corazón son cinco veces mayores entre los norteamericanos que en los japoneses. Un estudio al respecto anota como motivo principal las relaciones amistosas de los japoneses. La industrialización no ha desterrado en el Japón a la sana convivencia, el compartir y las buenas relaciones. Según los investigadores, el convivir amistosamente reduce las tensiones, suaviza los conflictos y alivia el corazón.

La actitud de aquellos que se aislan de los demás y no cruzan sino un fugaz saludo incluso a su familia, alimenta el estrés. Amar a los demás como a nosotros mismos no es pues sólo un precepto religioso, sino el secreto para gozar de buena salud y vivir mejor.

Si no queremos extraviarnos en el desierto de la soledad, avivemos las relaciones amistosas y hogareñas. Nuestro corazón lo espera. No sólo el ejercicio físico previene los ataques cardíacos. Quienes aman tienen un buen corazón, tanto física como espiritualmente.

Juegos paralímpicos

Cada cuatro años muestran su espíritu de superación los limitados físicos en los Juegos Paralímpicos. Son atletas en silla de ruedas, con muletas o invidentes. Se aman a sí mismos y se aceptan como son, sin autocompasión. Les dicen "pobrecitos", pero son ricos en confianza, ánimo, fe, valentía. La verdadera riqueza.

Los Paralímpicos son el espejo de la grandeza del ser humano. Un canto a la vida. Participan miles de competidores entusiastas y llenos de fe. En sillas de ruedas están sus cuerpos, no sus mentes. No son minusválidos, pues su valor es ilimitado. Nos impulsan a derrotar el pesimismo.

Nos podemos superar como el atleta sordo, el nadador sin pierna, el basketbolista paralítico. Los limitados físicos deportistas practican este principio: cuenta tus bienes, no tus males. Son personas animosas que con su ejemplo nos dicen: ¡No te desesperes! ¡Supérate, insiste sin decaer!

Glasnost

Gorbachov ha popularizado el término *Glasnost.* Significa apertura o transparencia. Las relaciones son diáfanas y cordiales con apertura. Sin máscaras, sin tapujos. La apertura de corazón y de mente nos permite pulverizar las murallas del fanatismo. Con *glasnost* el desconocido es un amigo a quien no hemos tratado, somos capaces de ver un hermano en todo hombre.

La apertura propicia el entendimiento, socava los prejuicios, nos despeja el camino del cambio. Es un reto motivador educar para esa transparencia. Quizás así las fronteras no sean más que limites geográficos.

Con apertura sabemos que de todos podemos aprender algo, que el dogmatismo divide, que la hermandad sí es posible. Para estrechar lazos de amistad, que bueno es tener la mente y el corazón como "Una casa de puertas abiertas".

Somos un milagro

Somos una maravilla. Somos un milagro. El milagro más grande del mundo. Un tesoro de dones. El corazón nos da vida con unos cien mil latidos cada día. Nuestra piel se renueva totalmente cada 27 días y en el cerebro tenemos unas trece mil millones de células nerviosas; cada segundo mueren dos millones de células sanguíneas y nacen otros dos millones en una resurrección incesante.

Los neurólogos afirman que el cerebro tiene poderes ilimitados y que jamás será superado por los computadores. Somos una unidad perfecta de mente, espíritu y cuerpo. Armonizar estas tres dimensiones nos hace vivir más y mejor.

Sí, somos una maravilla. Convéncete y te amarás a ti mismo. Valórate y ejercita los talentos recibidos. Deja el pesimismo. Quiérete y no te menosprecies. Dios no hace basura ni personas en serie. Eres único. Eres un milagro.

Saber dialogar

*L*o que voy a decir representa la cinco mil millonésima parte de la opinión mundial. El diálogo pide humildad. También pide comprensión. Ponerse en el lugar del otro. "Caminar un día con sus mocasines", según la expresión de los indios de la Tribu Dakota. El diálogo familiar y social exige sinceridad. El engaño engendra duda, la duda engendra desconfianza, la desconfianza genera violencia.

Con respeto hay entendimiento. El otro no es el eco de mi voz. La variedad es riqueza, la uniformidad empobrece. Para dialogar se necesita tolerancia. Nadie es dueño de la verdad. Hay que enterrar el fanatismo y tantos "ismos" que apadrina. Ese diálogo que reconcilia exige justicia social. Los generosos y los solidarios unen. Los que explotan separan.

El diálogo crece con la apertura de mente y de corazón: al otro aunque piense distinto, a lo nuevo, al cambio. El diálogo familiar alumbra el diálogo social.

El arte de vencer

*P*or encima de las nubes sigue brillando el sol. Nos anima la esperanza de que por el camino de la noche se llega al amanecer. Creemos a veces no escapar del naufragio, pero la nave sigue su rumbo sin hundirse. Es bueno aprender de la filosofía china. En su manera de ver las cosas, la crisis es siempre una oportunidad.

El libertador Simón Bolívar decía que "el arte de vencer se aprende en las derrotas". Y vivió lo que dijo. La dificultad es el yunque de las almas fuertes. Con esfuerzo y esperanza el ser humano es capaz de insistir, volver a empezar y no dejar de luchar.

Dejémonos penetrar del valor de los descubridores, el tesón de los inventores, la fe de los santos. Aunque domine la oscuridad, sabemos que después de la noche llega el alba. De todo abismo parte un camino.

Más bien que mal

"*U*rgente: hoy no se estrelló ningún avión. Ultima hora: la gran mayoría de las personas de nuestro país respeta la vida". Con noticias como éstas la gente no compraría prensa, no oiría radio. Es difícil que el bien sea noticia. Pero lo debe ser en nuestra mente al saber balancear. Piensa en los miles de jets que no caen, cuando uno lo hace.

Es bueno recordar que frente a unos miles de asesinos hay una inmensa mayoría de seres que no matan. El país no es sólo la página roja. Las noticias nos muestran sólo una cara de la patria. Hay más luz que sombra, aunque los medios de comunicación lo ignoren. El país es más un gran oasis con zonas desérticas que un gran desierto con pocos oasis.

Que el bien sea noticia en nuestro espíritu y en la vida. El pesimismo carcome a muchos porque sólo ven el mundo con la óptica negativa de los noticieros. No lo olvides, en el mundo hay más bien que mal.

Poder del elogio

Contamos con un poder ilimitado: el poder del elogio, la fuerza que desata el estímulo. Le rinde excelentes resultados a los novios, a los entrenadores, a los padres que alaban y a los buenos pedagogos. El estímulo es un trampolín hacia la grandeza. Lleva en sí la fuerza motriz de todas las cataratas.

Cuando alabamos a los demás por sus logros, ellos se esfuerzan por rendir más y mejor. No digamos: "¡tonto, inútil, qué mal!, ¡usted no sirve para nada!" sino cuando sea estrictamente necesario. Digamos: "¡Qué bien! ¡Tú puedes! ¡Animo! ¡Adelante! ¡Vuelve a empezar! ¡Confío en ti! ¡Lo lograrás!" Sí, el poder motivador del estímulo es ilimitado.

Seamos ricos en elogiar y avaros en menospreciar. A Caruso le dijo un profesor que tenía voz de papagayo. La mamá lo animó y lo lanzó por el camino del éxito.

Simios inteligentes

*E*n el laboratorio Terkes de California, estudian a los simios. Hay uno que sabe clasificar fotos de animales y hombres. Mezclan un montón y las separa sin equivocarse, con su foto incluida. ¿Qué hace al sacar la suya? La pone entre los seres humanos. Uno diría que este animal quiere ser racional. Hay humanos que con droga, licor o violencia son peores que animales.

Podemos usar mejor nuestra mente. Dicen que casi ni hemos estrenado el hemisferio cerebral derecho. Es el de la intuición y la clarividencia. La ciencia dice que se desarrolla con relajación y meditación.

Vive más y mejor quien aprende a distensionarse en un lugar calmado y cierra los ojos mientras piensa en lo positivo. Se repite mentalmente: me siento bien, estoy mejor, soy entusiasmo, soy poder, siento paz, amo la vida. Esto nos hace más racionales y más humanos. Pensamos lo mejor de nosotros mismos y de los otros. "Como el hombre piensa, así es él" dice un sabio aforismo.

Morir es nacer

*N*adie está muerto. Morir es volver a nacer. La muerte es un paso a otra vida que ya vislumbraron seres clínicamente muertos que volvieron del más allá. Tenemos certezas médicas de la vida más allá de la muerte. Plena de paz y amor.

La resurrección es una realidad esperanzadora. No es pasar a un descanso eterno, sino a una vida mejor. Seguros de ello, los indígenas celebran la muerte con una fiesta. Hay que creer lo que decimos: "Muriendo en ti, nacemos a la vida eterna". La muerte no nos llega, nos acompaña toda la vida.

Nacer es morir y morir es nacer. En el más allá cosechamos lo sembrado en el más acá. Las buenas obras son el pasaporte para una eternidad feliz. Creamos que morir es pasar a otra vida, creamos que morir es renacer

Sembrar y cosechar

*H*ay mucha sabiduría en la conocida frase -de autor desconocido-, según la cual: "Cuando usted siembra una acción, cosecha un hábito. Cuando siembra un hábito, cosecha un carácter. Cuando siembra un carácter, cosecha un destino". Somos los creadores de nuestro destino. Somos de actitud amorosa por repetir acciones de amor. Somos de actitud violenta por repetir actos de ira.

Las grandiosas catedrales se levantaron ladrillo por ladrillo. Un carácter se forja con acciones. Creemos más con actos continuos de fe: "creo, confío, soy capaz, lo voy a lograr, tengo fe". Fracasamos pensando "no soy capaz, no puedo, no lo voy a lograr, es imposible, no valgo nada".

Hay que pensar en grande para triunfar. Pensar positivamente para actuar positivamente. Es posible cambiar bloques de violencia por ladrillos de paz en la catedral del carácter. Es cuestión de dedicación. Una actitud positiva se adquiere al repetir muchos actos positivos. Necesitas práctica, práctica, práctica.

Las tres "D"

*E*l departamento de sicología de la
Universidad de Illinois investigó a personas
triunfadoras. Resumió en estas tres "D" la clave
del éxito: "deseo, determinación y disciplina".
Fórmula: E = 3D.

Deseo: Tener metas y luchar por alcanzarlas
con decisión y ganas, sin miedo al fracaso.
Querer es poder. Creer es poder.
Determinación: Perseverar a pesar de los
obstáculos. Insistir con paciencia. Si un método
falla, probar otros.
Disciplina: Dedicarle tiempo e interés a esas
metas. Ser fiel a unos principios y a un proceso
ordenado. Igual que el atleta en sus
entrenamientos o el artista en sus ensayos.

El éxito no es un don de los dioses. Es una
conquista. Dios da los talentos, pero hay que
cultivarlos. Bach, Dickens, Edison, Chaplin, por
citar algunos, nacieron pobres. Edison fue
autodidacta. Igual Haydn. Su riqueza era
espiritual: deseo, determinación, disciplina, y
otros valores que engrandecen.

Superación

*E*veryn Quintero derrocha alegría a sus 16 años de edad. Pinta con la boca lindos paisajes. Es cuadripléjica y dice: "Soy feliz". Francisco Lora casi arrastra por el suelo el medio cuerpo que le dejó la polio. Siempre está de buen humor y es diseñador. Las tarjetas en altorrelieve que elabora Elizabeth Tovar son un encanto. No se queja de su sordera.

Las pinturas de Carlos Barrera son tan valiosas que aparecen en el calendario mundial de artistas limitados. Es cuadripléjico. El espíritu de superación de éstos y tantos limitados físicos no conoce fronteras. Saben que vivir es luchar. No pierden energías con el lamento. El reto de ser competentes los lleva a dar lo mejor de sí mismos.

Aman la vida y se aman a sí mismos sin el fantasma de la autocompasión. Creen, luchan, tienen metas, valen mucho. Así Rosemberg Zamora vence la paraplejía con sus óleos y Olga Lucía López muestra con sus pesebres que el espíritu no está en silla de ruedas.

Persona sin-cera

*E*n la antigua Roma se impuso la moda de adornar la casa con estatuas de bronce. Tanto que el metal escaseó. Los escultores optaron por mezclar metales y engañar a los compradores. En la fundición, las estatuas quedaban con desperfectos y porosidades por no ser de puro bronce. Resolvieron rellenar las grietas con cera. Las esculturas quedaban lisas y brillantes. Pero con el caluroso verano llegó la hora de la verdad. La cera se derritió y los romanos descubrieron estatuas sin-cera y con-cera.

Ahí nació la palabra sinceridad. Estatua sincera era la auténtica, sin engaños ni apariencias. La sinceridad es un ingrediente del amor. Con engaños una relación tiene bases de arena, se puede presagiar el derrumbe. La persona con-cera es artífice de división, sembradora de odio; la persona sin-cera une y es instrumento de paz.

La sinceridad y la libertad caminan juntas. Ya lo decía Jesús: "La verdad os hará libres".

Amar es perdonar

*H*ace pocos años, María Fida Moro fue a la cárcel de Rebibbia, en Roma, y dio un abrazo de perdón a los asesinos de su padre, Aldo Moro. Dijo que como católica sentía la necesidad de perdonar y que su padre habría hecho la misma obra de misericordia. Afirmó que Valerio Morucci y Adriana Faranda no eran dos monstruos, sino dos personas que se habían equivocado.

¡Qué gran lección de perdón! Somos capaces de disipar el rencor si estamos con Dios y crecemos en comprensión. El perdón sólo fluye del hontanar del amor. Quien ama comprende y no lleva cuentas del mal. El rencor nos ancla en un pasado infeliz y se sabe que puede provocar trastornos digestivos, respiratorios e hipertensión.

Viajar al pasado con el rencor nos impide disfrutar el presente. Qué bueno perdonar para ser perdonados. Es más fácil perdonar si miramos tanto nuestras propias fallas como el historial emproblemado del que hace daño.

Conciencia en Paz

*E*l escritor John Milton sobrellevó con paciencia la ceguera en sus últimos años. Así dictó el *Paraíso Perdido* a sus hijas. Le preguntaban cuál era su mayor consuelo en medio de las tinieblas y él solía contestar: "Me consuela la conciencia, amigos míos, y el saber que he luchado por la justicia".

Milton aceptó con fortaleza una ceguera de 22 años y en sus obras nos dejó un testamento espiritual imperecedero. En su conciencia no sufrió de invidencia. Por eso dicen que disfrutó la vida con placidez y serenidad. Cuando la voz interior no nos reprocha fallas serias, el corazón deja de ser un campo de batalla y estamos en paz. ¿Acaso hay peor reproche que el de las injusticias?

¡Qué bueno sentir hambre y sed de justicia! Luchar por la justicia es desterrar la usura, la inmoralidad, la avaricia y la ambición. Son fuente de tinieblas.

Serviciales y solidarios

*E*n la época del Nazismo los hombres de la "SS" eran los más temidos. Hicieron de la vida una película de terror. Hoy podemos poner un clasificado que diga: "Se buscan personas SS". No para torturar, como los de La Gestapo, sino con la doble ese de la servicialidad y la solidaridad.

Personas atentas a las necesidades del prójimo. Buenos samaritanos que viven para ayudar y para compartir. Seres con sensibilidad social que es la esencia de la auténtica religión: amar a Dios amando a los demás. El servicio da sentido a la vida y es el mejor antídoto contra el vacío interior, la depresión y el tedio.

Vivir la vida con un sentido de misión es la clave de la felicidad. Los santos fueron serviciales y solidarios. Benjamín Franklyn decía: "Amar a Dios es servir al prójimo, pero como rezar es más fácil, muchos se contentan sólo con eso".

Lecciones de amor

*L*a Etología es una ciencia nueva que estudia el comportamiento animal. Es pródiga en lecciones interesantes.

Sabemos así que los delfines nadan en grupos para ayudarse mutuamente y protegerse en el peligro. Si uno enferma durante la travesía, se le acercan otros dos que se colocan a cada lado y lo sostienen al nadar. En esta ayuda se turnan varios hasta que el delfín sana y es capaz de defenderse por sí mismo.

Los inteligentes delfines cumplen a la perfección aquello de "todos para uno y uno para todos". Se sabe también de la amistad de los delfines con el hombre. En 1962 salvaron a varios náufragos japoneses. Se colocaron debajo de ellos y así los llevaron sobre sus lomos al vecino puerto de Sakinohama. El delfín podría ser tan peligroso como el tiburón, pero no ataca al hombre aunque muchas veces el ser humano lo priva de su libertad o le quita la vida.

Ricos en valores

*L*udwig van Beethoven pensó en el suicidio debido a su sordera. El mismo lo confiesa en la carta testamento dirigida a sus hermanos. A ellos y a nosotros nos dejó una lección de vida, al confiar que no cayó en la loca tentación del suicidio gracias a la virtud y a su amor al arte.

Hoy se habla poco de la virtud. Las virtudes equivalen a lo que llamamos valores: fe, justicia, paciencia, amor, prudencia. Se reconoce que hay una crisis de valores, una inversión en la escala de valores. Para muchos valen más las cosas que las personas.

Poner de moda las virtudes o los valores, es un reto para todos los que soñamos con un mañana de esperanza. Con una educación para amar, servir, comprender, compartir, somos capaces de despejar el horizonte y cantar con Beethoven *el Himno de la Alegría*, para que los hombres vuelvan a ser hermanos.

Nueva vida

*E*n películas como *Romeo y Julieta, Hermano Sol, Hermana Luna* y *Jesús de Nazareth,* el director Franco Zeffirelli despliega sensibilidad y fuerza interior. A él le gusta contar cómo volvió a nacer tras un accidente en el que su auto chocó con un terraplén, en 1969. Se fracturó 18 huesos y perdió la vista del ojo derecho.

En su larga convalecencia reexaminó sus patrones de vida. "Hasta ese momento actuaba como si tuviera permanentemente 16 años. Daba todo por hecho. ¡Lo había conseguido tan fácilmente!". Acostado en la silente oscuridad, sintió que su fe religiosa crecía y creaba en él un nuevo sentido de responsabilidad. Vio que podía usar sus talentos en la proclamación de los valores humanos y espirituales.

Sus trabajos posteriores llevaron a la gente mensajes de fe, vida familiar, idealismo juvenil y dignidad humana. Zeffirelli consagró tres años de su vida a la filmación de Jesús de Nazareth. Ahora se interesa por ser más, hacer lo mejor y tener lo necesario.

No envidiar

*F*ranz Schubert nunca permitió que en su corazón germinara la cizaña de la envidia. Elogiaba a otros músicos. En general prefería la música de otros grandes maestros antes que la suya. Gustaba de alabar a otros compositores.

En una ocasión, interrumpió un concierto de sus lieds y otras obras propias y pidió que se tocara algo de Mozart. Así se hizo, mientras el maestro vienés repetía: "¡Esa música es muy bella, muy bella!". La envidia se destruye con la propia autoestima. Así nos valoramos sin sentir dolor o rabia por el éxito ajeno. Si no nos comparamos con los demás, la envidia muere de inanición. Este vicio es un freno para alcanzar la dicha.

Según Napoleón "La envidia es una declaración de inferioridad". Dar lo mejor de nosotros mismos nos libera de ella. Otra ayuda para no envidiar, consiste en aprender a elogiar a los demás.

Saber descansar

*L*a leyenda dice que alguien descansaba a la sombra de un árbol. Un amigo se acercó y le dijo: -¿Por qué no vas a cortar leña? -¿Para qué? Para venderla. Así podrás un día comprar un carro y repartirla a domicilio. Ganas más dinero y compras un camión. Después un aserradero y mas tarde una flota de vehículos. Así puedes llegar a ser rico con tu propia empresa. -¿Para qué? -Para ser millonario y poder descansar tranquilo. -¿Y qué crees que hago ahora?

El amor a si mismo se practica al darle importancia al descanso. Hay que trabajar para vivir, no vivir para trabajar. Somos pacíficos si dedicamos tiempo a escuchar buena música, a orar, charlar, practicar un deporte.

Le ponemos vida a los años y años a la vida si lo material no nos absorbe tanto. El descanso bíblico del sábado o del domingo, es más para el sosiego del hombre que para el culto a Dios.

Un actor se confiesa

*T*estimonio del actor Alain Delon: "No me creo cobarde, pero a veces siento miedo. Me pregunto qué es lo que hago en el mundo. Qué es lo que hacemos todos... Si supieran las veces que me he planteado esta cuestión. Pero, ¿dónde encontrar una respuesta satisfactoria?

Un día conocí a alguien que al parecer la había encontrado. Ocurrió en las montañas de Aix Provence. Pasaba por allí con el coche y me detuve a charlar con él. Era un hombre sencillo. Un campesino que vivía en una granja en ruinas. Y yo, todo un actor con su deslumbrante auto Ferrari. Dos mundos totalmente distintos se encontraban.

El era más feliz que yo. Vivía en paz con el mundo, yo no. Poseía todo lo que deseaba, yo no. Tenía esa sabiduría que dan la bondad y la sencillez, yo no".

Solidaridad

*L*a región Antártica es el sitio más frío e inhóspito del orbe. Una inmensa caparazón de hielo en el polo sur. Pero puede llamarse el continente de la solidaridad. En ese medio hostil, los hombres saben que es necesario ayudarse unos a otros para poder sobrevivir.

Las personas que están allí en trabajos de investigación científica o como exploradores, valoran mucho la vida común. Allí se da gran importancia al diálogo. La comida es compartida por todos y las labores se hacen en grupo. Para vencer la soledad, se participa en frecuentes sesiones de expansión colectiva.

La zona Antártica es un continente helado en el que abunda el calor humano. Lleno de solidarios, no de solitarios. En los polos, aquí y en cualquier parte, las relaciones se enfrían sin detalles, diálogo, comunicación y ayuda mutua. "Cuando encontramos un ser cálido, olvidamos la frialdad del mundo" J. Narosky.

Club de infartos

Alguien con ingenio ha creado el Club de los Infartos. Ideó estos 12 requisitos para sus miembros:

1. Vaya a su oficina los sábados, los domingos y todos los días de fiesta. 2. Lleve a casa los asuntos pendientes y trabaje de noche. 3. Nunca diga no a lo que le pidan, diga siempre que sí.
4. Procure formar parte de todas las comisiones y comités. 5. Acepte todas las invitaciones a banquetes, cócteles y seminarios. Fume e ingiera licor. 6. Aproveche el tiempo de sus comidas para resolver problemas pendientes.
7. Jamás pierda tiempo pescando, leyendo, practicando un deporte o disfrutando del campo.
8. Aplace una y otra vez sus vacaciones.
9. No delegue responsabilidades. Cargue usted siempre con el peso de las decisiones y los asuntos. 10. Viaje de noche para poder trabajar de día. 11. Nunca pida ayuda. Usted es capaz de resolverlo todo solo. 12. Escriba como lema en su oficina: "Mi trabajo ante todo".

Dar lo mejor

*L*eonardo Da Vinci sobresalió en muchos campos; no sólo en la pintura y la escultura, sino como arquitecto y como inventor. No obstante decía, ya cercana su muerte: "He ofendido a Dios y a la humanidad porque mi trabajo no fue de la altura que debía haber sido y no di todo de mí".

El hombre genial reconocía humildemente que no había rendido al máximo con sus talentos. Pocos lo hacen. Los que triunfan saludan cada nuevo día con entusiasmo. Es un chance para cultivar los dones recibidos. A los primeros puestos no se llega por buena suerte, sino por esfuerzo, disciplina, fe y mente positiva.

El buen o mal uso de los talentos era un tema recurrente en la predicación de Jesús. Dios nos pedirá cuentas del capital que nos ha confiado. Da Vinci lo sabía y de ahí su humilde confesión. Aprecia tus dones, fructifica con ellos y la frustración no visitará tu casa. Puedes rendir más y mejor.

Corrección

*L*o que sigue es para los padres que no corrigen a sus hijos con el sofisma de posibles traumas.

Los monos tienen varios tipos de castigo, según la gravedad del delito. El más suave es una mirada feroz del jefe. El número dos es el "Lavado del Suelo". El jefe mira al culpable y hace como si estuviera limpiando el suelo con una bayeta. Como si le dijera: "Ten cuidado, te voy a usar como trapo de aseo". No es una simple amenaza. Si el trasgresor no empieza a comportarse bien, el jefe lo coge por el cuello y lo refriega contra el polvo. El peor castigo es un mordisco en la nuca. Si no hay cambio, viene la expulsión de la manada.

Hay padres de familia que confunden el amor con la alcahuetería. Se hacen cómplices de las fallas de sus hijos. Amar no es alimentar vagos y cuidar irresponsables, a no ser que se esfuercen por cambiar.

Sabiduría

*E*n la tumba de uno de los antiguos faraones de Egipto, fue hallado un puñado de granos de trigo. Alguien tomó aquellos granos, los plantó y los regó. Y para general asombro, los granos tomaron vida y retoñaron al cabo de cinco mil años.

Los sabios y los grandes maestros han comparado siempre el corazón humano con un jardín. Si hay buena tierra y los necesarios cuidados, las semillas fructifican. Esas semillas son enseñanzas sapientes que nos dan vida si las practicamos. El tiempo no mutila su valor. Son granos de trigo que germinan si sacamos tiempo para asimilar la sabiduría de los seres espirituales.

Podríamos saber mucho de Gandhi, Teresa de Jesús, Agustín, Francisco de Asís, Juan Bosco, Luther King, Teresa de Calcuta. Son mejores modelos que un cantante bisexual, un actor frívolo o la actriz que va por su quinto "matrimonio".

El número 13

*L*os supersticiosos creen cosas como éstas: si un cura pasa entre dos solteras, ellas nunca se casarán. Si 13 personas se sientan a la mesa, una morirá. Pasar por debajo de una escalera trae mala suerte.

Aún perdura un concepto mágico de la vida. La fe de muchos es un barniz superficial, un falso sincretismo. El quid de la cuestión está en el poder de la sugestión. Somos lo que pensamos y nos pasa lo que creemos. La suerte no está en las cosas, sino en la mente. La sugestión es tan poderosa que se da el embarazo sicológico.

A Richard Wagner le fue bien con el número 13: nació en 1813. Los cuatro números anteriores suman 13. Escribió 13 óperas. En su nombre hay trece letras. Inició su carrera un 13 de octubre. Su obra *Tannhauser* fue presentada con éxito el 13 de mayo de 1895. Wagner no tenía aguero y le fue bien. Si yo lucho por lo mejor y creo en lo mejor, alcanzo lo mejor. Si espero la desgracia, yo mismo la provoco.

No Juzgar

De camino hacia su monasterio, dos monjes budistas se encontraron con una bellísima mujer a la orilla de un río. Al igual que ellos, la mujer quería cruzar el río, pero éste bajaba demasiado crecido.

Entonces uno de los monjes se la echó a la espalda y la pasó a la otra orilla. El otro monje quedó absolutamente escandalizado, y durante cerca de dos horas estuvo censurando a su compañero. ¿Había olvidado que era un monje? ¿Cómo se había atrevido a tocar a una mujer? ¿Qué diría la gente? etc. El acusado escuchó pacientemente el interminable sermón. Al final replicó: Hermano, yo he dejado a aquella mujer en el río. ¿Acaso no eres tú quien la lleva ahora?

A ciertos animales les hace bien rumiar sus alimentos. Al hombre le hace daño rumiar las faltas propias y ajenas para condenar. La sentencia evangélica es tajante: "Con la misma medida que midas serás medido". No juzgues si quieres amar de verdad.

Plegaria

Señor, dame el asombro del artista,
devuélveme la admiración del niño. Dame el
entusiasmo del joven y la sabiduría del anciano.
Quiero, Señor, unos ojos nuevos para
maravillarme con tu Creación. Dame un nuevo
corazón para amarlo todo, una mano dispuesta
para compartir y una mente abierta para
dialogar.

En Ti creo, Señor, fortalece mi fe; en Ti espero,
asegura mi esperanza; a Ti te amo, inflama mi
amor. Te adoro como primer principio, te deseo
como mi último fin, te alabo como bienhechor
constante. Tú que eres el buen pastor,
condúceme; Tú que eres el amigo que nunca
falla, acompáñame.

Dirígeme, Señor, con tu sabiduría; ilumíname
con tu luz, perdóname con tu clemencia,
fortaléceme con tu poder. Gracias por ser el
camino, la verdad y la vida.

Buenos Padres

*H*ay papás que se matan consiguiendo dinero para sus hijos; ya muy tarde descubren que no tienen hijos para su dinero.

Un estudio presentado en Estados Unidos al entonces presidente Ford, decía que muchos padres dedicaban 13 segundos a sus hijos. 13 segundos para saludar a toda prisa y decir: "No tengo tiempo, hable con su mamá. Estoy muy ocupado". Se ven por ahí hogares llenos de cosas y vacíos de amor. ¿Será tan difícil ser amigo de los hijos?

Hay excelentes papás que sin perder autoridad dialogan con sus hijos, y los respetan. Papás que se sientan a ver videos con los adolescentes y a compartir sus aficiones y juegos. Papás que nunca se van a quedar solos cuando más necesiten compañía en el otoño de la vida. Hay que felicitar a esos padres que no son luz en su trabajo y sombra en su hogar. Saben dar vida.

Pensar para amar

Crece la esperanza cuando uno trata con jóvenes enemigos del machismo y muchachas sin raíces masoquistas.

Son minoría, pero ya brilla una luz; el cambio es irreversible y se presagian relaciones más parejas. Sin hombres que ostenten dos o más mujeres. Sin esposas que lo toleren "Porque el es hombre". Con hogares en los que la responsabilidad es compartida y hay diálogo y respeto. Si nos educamos para amar, esto no es una fantasía.

Ya hay seres que sí piensan para amar. Personas que no confunden el amar y el querer. Saben que un inmaduro puede querer, pero no amar. Inmaduro es el niño(a) de más de 20 años. El vago, el borracho, el irresponsable, el egoísta. Y ya no se engañan diciendo: lo(la) voy a cambiar: o, él(ella) va a cambiar. Gente realista que crea hogares estables.

Estar en armonía

Los indios Koguis, de la Sierra Nevada, pronuncian con respeto el término *yuluka*. Significa estar de acuerdo. Es un pilar de su filosofía de la vida. Su meta es buscar ante todo la concordia o conformidad de corazones. Estar *yuluka* es estar en armonía consigo mismo, con el Ser Supremo, con los demás y con la Creación.

Es un valor primario para los Koguis, que viven atraídos por ser más, no por tener más. Para disfrutar de esa armonía, el ser humano está invitado a sublimar o canalizar positivamente tres fuerzas: el poder, para servir; el placer, para amar y el poseer para compartir.

De otra forma el hombre se autodestruye, como lo vemos en los que usan el poder para dominar, el placer para esclavizarse y el poseer para acumular y ser poseídos. Si tomas la religión como relación de amor, alcanzas la felicidad al estar en armonía con Dios y con las personas con quienes entras en contacto.

No sobreproteger

*L*os males que se detectan con mayor dificultad, son los que se hacen con buena intención. Son frecuentes en el hogar. Sobreproteger a los hijos es uno de ellos, con secuelas fatales.

El mejor papá y la mejor mamá, poco a poco se van haciendo innecesarios. No le hacen todo a sus hijos. Craso error el de los progenitores que dicen: "Voy a evitarle a mis hijos todos los sufrimientos que yo tuve". Malcrían así hijos mimados, exigentes e incapaces de afrontar problemas. Drogadictos en potencia.

Hay que evitar sacrificios inútiles, pero no aquellos que fortalecen el carácter y templan el espíritu. Atiborrar de regalos a los hijos, no negarles nada, no exigirles ayuda, es trazarles una vida desdichada. Los papás que sobreprotegen, no aman a sus hijos. Les hacen tanto daño como los que no los miman en absoluto.

Amar en vida

Vamos a leer un mensaje impactante. Ana María Rabatté tuvo una inspiración celestial al decir:
¡En vida, hermano, en vida!
Si quieres hacer feliz a alguien a quien quieres mucho, díselo hoy, sé bueno en vida, hermano, en vida. Si deseas dar una flor, no esperes a que se marchite, mándala hoy con amor. En vida, hermano, en vida.

Si deseas decir "te quiero", a la gente de tu casa, y al amigo cercano o al de lejos, hazlo ahora... En vida hermano, en vida. No esperes a que se muera la gente para quererla y hacerle sentir tu afecto... En vida, hermano, en vida.

Serás mucho más feliz si aprendes a hacer felices a quienes conozcas... En vida, hermano, en vida. Nunca visites panteones, ni llenes tumbas de flores; llena de amor los corazones... En vida, hermano, en vida.

El idioma del amor

*L*os indios navajos emplean la expresión "Cuando los hombres y los animales hablaban el mismo idioma...", equivalente a nuestro "Había una vez...". Así inician sus cuentos y juegan con la fantasía y la realidad, que son más hermanas que enemigas.

Aún hay quienes hablan el mismo lenguaje de los animales y las cosas. El idioma universal del amor. Uno saluda con júbilo a personas que viven la misma hermandad que Jesús y San Francisco tuvieron con el cosmos.

Seres que aman la vida en su conjunto, que vibran con la naturaleza y están en armonía con su entorno. Esto no es una utopía si educamos para el amor y la convivencia. Hacen falta maestros, no aprendices en este arte. El arte de amar es difícil; el arte de querer es muy fácil.

Luz del mundo

*E*n la religión prendemos velitas porque María da a luz a Jesucristo, que dijo: "Yo soy la luz del mundo". Como "luz eterna que tiene en sí misma la verdad", vislumbra Dante a Dios en el paraíso. El último canto de la Divina Comedia es poesía mística sobre Dios como luz-amor-verdad.

Buena es la persona que es luz del mundo con sus obras. A su paso esparce claridad con el amor. Nos quejamos si hay cortes de energía, pero a veces racionamos el afecto, el perdón y la justicia.

Prender velitas es comprometernos a ser luz en el hogar. Vivir como hijos de la luz, según la Biblia. Hogar viene de hoguera. No hay fuego y calor sin unidad. Sin cuidados sólo quedan cenizas. Pasteur, Bach, Fleming, Da Vinci y tantos otros aún nos iluminan. Seremos felices dando luz a otros.

Educación y televisión

*U*n joven que llega a los 18 años en los
Estados Unidos, ha visto 150 mil actos violentos
y 200 mil comerciales en TV. En otros paises no
estamos lejos de esa cifra. Hay televidentes,
teleadictos y teleidiotas. La TV. no es el
problema. Hay programas excelentes. Pero,
¿cuántas personas tienen espíritu crítico?

Qué importante es dialogar en familia sobre
los programas. Saber elegir y discernir. No ser
autómatas que tragan entero. Saber ver incluso
lo que se llama "malo". También educa. Conviene
formar una mente crítica a la luz de unos sanos
principios para aprender a usar la TV. Claro que
lo mismo hace falta para la radio y la prensa,
aunque su impacto parezca menor.

Un estudio muestra que cada semana un niño
pasa 25 horas en su colegio y 24 ante la TV. Una
buena comunicación familiar nos permite
servirnos de los medios (Prensa radio-TV) con
sentido crítico.

No somos islas

S e siente un extraño sortilegio cuando uno observa la simbiosis que se da entre las plantas o los animales con un beneficio mutuo. Una comunión que también se da en la alquimia del corazón; somos solidarios en el bien y en el mal. Nuestros actos positivos o negativos afectan a los demás. Somos "seres en relación" según la filosofía existencial.

No está bien decir: "¡Mi vida es mi vida y hago lo que quiero!" En el hogar hay que dar para recibir. Aprende a dar y a recibir. En las relaciones debe brillar la independencia, pero no la indiferencia. Menos la ingratitud.

"Soy responsable de mi rosa" afirma el Principito en el libro inmortal de Saint-Exupéry. No vivimos como Robinson Crusoe en una isla solitaria, como para poder decir: "Es mi vida. No se metan". De algún modo mi vida no es mi vida. Es la de los demás. Soy responsable de su gozo o su desdicha.

Las 5 D del amor

*E*ntrelazar los cinco dedos es un signo de amor. Manos que simbolizan corazones y almas unidas. Ojalá cada dedo represente: diálogo, detalles, Dios, decisión y dedicación. Cinco vivencias para un amor duradero.

Dialogar, no di-alegar, es la clave para hallar soluciones. Nos pide saber escuchar y ceder. Los *detalles* nunca son pequeños. Con ellos nace el amor, sin ellos el cariño se marchita. Ellos son los que avivan una relación. Dios es amor y cuando El une no hay quien separe. Su presencia ilumina, fortalece y reanima. Amar es una *decisión* de luchar en las adversidades; ellas nos fortalecen así como la campana sólo da buen timbre cuando ha pasado por el fuego.

Amar es un arte que exige consagración, tiempo, esfuerzo. Dedicarse a amar es concentrarse en darse y dar con perseverancia y paciencia. Mejoremos con las 5 D: con ellas el amor es un don continuo, una delicia. Sin ellas la vida pierde su belleza y su razón de ser.

Dios en los demás

Tolstoi nos dejó un hermoso cuento de Navidad. Es la historia del zapatero Martín Avdeich. Lee en la Biblia que Simón fariseo recibió con desdén a Jesús y exclama: "¡Yo lo recibiría de otra manera!" Dios le dice: "Martín, asómate a la calle mañana, porque vendré a verte".

Durante el día suspende su labor y ofrece té a un pobre anciano, luego viste a una mamá que tirita de frío con su bebé. A mediodía reconcilia a una vendedora de manzanas y al gamín que le ha robado. Al ocaso abre la Biblia, pero dormita fatigado. Oye una voz: "Martín, ¿no me reconoces? ¡Soy yo!". Y sucesivamente aparecen y se diluyen las figuras del anciano, la mujer y el niño, la vendedora y el pilluelo.

Martín sonríe y ve que su Biblia está abierta donde dice: "Lo que a otros hacéis, a mí me lo hacéis". Comprende que Dios sí lo visitó y que él lo recibió dignamente.

Relajación

U sted puede relajarse de la siguiente manera:
cierre sus ojos con suavidad. Apriete los puños
con fuerza. Afloje muy lentamente. Cuánto más
despacio lo haga más calma sentirá y mejor se
disiparán las tensiones. Se refuerza la eficacia si
mentalmente repite: estoy mejor, más tranquilo,
más calmado, etc.

Es una técnica sencilla de un experto: el Dr.
Jacobson, quien ha desarrollado el método de la
Relajación Progresiva. Cierre también
fuertemente los párpados y apriete bien los
labios hacia adentro. Vuelva con lentitud a la
posición normal y sentirá sosiego y una gran
paz.

Estos ejercicios deben repetirse con asiduidad.
Sólo así son fuente de calma. Mientras se relaja
visualice imágenes positivas: lindos paisajes.
Cree su propio oasis. Animo. ¡Amese a sí mismo!

Orar más y mejor

*D*ecirle a Dios "Tú eres mi roca y mi fortaleza" es común en los Salmos. Oraciones saturadas de confianza. Al orar con los 150 salmos bíblicos se progresa mucho en el sendero de la perfección.

"En Dios sólo descansa el alma mía, de El viene mi esperanza; mi roca sólo es El, mi fortaleza; no he de vacilar". Este pasaje del Salmo 62 nos invita a tener una confianza sin límites en Dios como baluarte; así se esfuma la incertidumbre.

Muchos ganan seguridad repitiendo: "Tú estás conmigo, nada temo", del Salmo 22: el Salmo del Buen Pastor. Podemos escoger uno para cada día de alabanza, perdón súplica o gratitud. Nos acercan más a Dios. Algunas de estas plegarias acaso hayan caducado. Pero la mayoría renuevan nuestra fe y nuestro amor.

Vencer la rutina

*D*espedir la rutina y abrirle el corazón a lo nuevo es una clave de la felicidad. Con inventiva y apertura podemos hacerle un conjuro a la monotonía en las relaciones y en el trabajo. Por la misma puerta que sale el tedio entra el entusiasmo cuando somos creativos.

La sabiduría es cambiar para vivir. La rutina es el óxido de la vida. La creatividad nos abre a los ilimitados horizontes de la existencia. En la nueva teología se insiste en que la Creación no ha terminado. Dios nos hizo creativos.

Tenemos un mundo por perfeccionar y muchos mundos por descubrir. El crear nos diviniza. Hay vidas fosilizadas por la monotonía, amores enterrados por la rutina. ¡Vivir es cambiar! Vivimos mejor si descubrimos que todo el año podemos hacer lo mismo pero de formas nuevas y creadoras.

Podemos cambiar

Vivimos mejor cuando somos reflexivos y amigos de practicar el sabio dicho "Conócete a ti mismo". Afortunados nosotros si reconocemos que hay que cambiar y que no es un acto sencillo ni mágico. Felices nosotros cuando buscamos ayuda, en vez de refugiarnos en expresiones pobres como: "No necesito ayuda...No tengo tiempo...Nadie me quiere colaborar". Dichosos nosotros si buceamos en el inconsciente. A veces es más poderoso que la voluntad. Los cambios no se logran con vanas promesas. Sólo con dedicación y medios adecuados. Así corrigen los deportistas sus falencias después de pacientes y largos entrenamientos.

Cuántas energías, cuánto tiempo y cuántas ayudas emplean los que prometen: "¡Voy a cambiar!".

Felices nosotros y nuestros seres queridos si luchamos por cambiar. ¿El secreto? Práctica, práctica, práctica.

Plata de por medio

*U*n comerciante acaudalado acude a un sabio rabino en busca de consejo, ya que no es feliz. El rabino lo hace mirar a través del cristal de la ventana, y luego le pregunta:
¿Qué es lo que ves?
-Veo gente, contesta al instante el ricachón.
-Después lo lleva frente a un gran espejo, y le pregunta de nuevo: ¿Y ahora qué ves?
-Ahora me veo a mi mismo.
-Mira, hermano, sentencia el rabino. Tanto en la ventana como en el espejo hay vidrio. Pero hay una gran diferencia: el cristal del espejo está cubierto con una amalgama de plata.

Es muy importante que aprendas esta lección: en cuanto hay de por medio un poco de plata, todo cambia. Entonces dejamos de ver a los demás, para vernos solamente a nosotros mismos.

Vivir es buscar

*T*estimonio del dirigente alemán Willy Brandt: De joven yo no sabía que el socialismo era un compromiso permanente. Creía que era algo por hacer y, si acaso, luego mejorar. Y, en cambio, es mucho, mucho más.

Es la manera de combinar la libertad, la justicia y la solidaridad. Un compromiso que no acaba nunca. Es como un marino que muy pronto aprende su oficio. En su primer viaje descubre que el horizonte no es una línea de confín. Cuando la nave avanza también el horizonte avanza. Siempre más allá, siempre más allá, hasta convertirse en muchos horizontes siempre nuevos.

Es así como yo veo el socialismo, como un horizonte que no alcanzamos nunca. Pero un horizonte al que intentamos acercarnos cada vez más".

Vive siempre en actitud de búsqueda realista para huir del conformismo y del perfeccionismo.

Números con suerte

Cierto día se presentaron ante San Juan Bosco dos hombres que habían oído hablar de su santidad y su clarividencia. Después de saludarlo, le solicitaron su ayuda para conocer los números de su suerte en la lotería.

Don Bosco sonrió y les dijo: "Tomad estos tres números cuya suerte es segura: el 10, el 5, y el 14". Ya iban a partir los visitantes, muy satisfechos, cuando el santo los llamó y los sorprendió con esta explicación: "El número 10 son los mandamientos de la ley de Dios. En su práctica está toda la felicidad. El número 5 son los mandamientos de la Iglesia. Ellos nos unen a Dios y a los demás. El número 14 son las obras de misericordia. Con ellas aprobamos el exámen más importante: el del amor. Jugad estos números durante toda la vida y la "suerte" os sonreirá en esta vida y en la otra".

Vivir y servir

C uando te sientas deprimido, recuerda que la vida está llena de servicio. Miles de antepasados vivieron para servir y gracias a ellos tu vida tiene tantos dones como estrellas tiene el cielo.

Además, "Toda la naturaleza es un anhelo de servicio. Sirve la nube, sirve el viento, sirve el surco. Servir no es tarea de seres inferiores. Dios, que da el fruto y la luz, sirve", como decía bellamente Gabriela Mistral. Tienes salud gracias a las vacunas de seres como Jenner, o Koch. Penicilina gracias a Fleming, luz gracias a Edison, teléfono gracias a Marconi, imprenta gracias a Gutenberg.

Bach, Haendel, Mozart y tantos músicos sirvieron con melodías espléndidas. Los poetas con sus versos. Todo lo que miras y usas es servicio. Si lo valoras, la alegría suplantará a la tristeza. Vive para servir y serás feliz.

Maniáticos del trabajo

L os seres felices no son "maniáticos del trabajo"; trabajan para vivir en lugar de vivir para trabajar. Los seres sensatos cuidan sus relaciones familiares con el diálogo sincero y amoroso, los detalles y mucha dedicación. Así la familia no es desplazada por el trabajo y se mantiene unida, aún en medio de las dificultades normales.

Los seres felices practican en su hogar los sabios consejos del apóstol Pablo a los creyentes: "Vivid en paz unos con otros. Amonestad a los que viven desconcertados, animad a los pusilánimes. Sostened a los débiles y sed pacientes con todos. Que nadie devuelva a otro mal por mal. Procurad siempre el bien mutuo y el de todos. Estad siempre alegres. Orad constantemente. En todo dad gracias a Dios". 1 Tesalonicenses 5, 13-18.

La creciente desintegración familiar puede ser vencida con amor, fe, y abundante comprensión. La familia está antes que el trabajo.

Luchar con ánimo

Si quieres fortalecer el ánimo para luchar con ahínco, aprende de los grandes hombres. Su vida nunca fue fácil. Darwin quedó huérfano de padre a los 8 años de edad. Fleming a los 7 años. Newton fue huérfano de padre a poco de nacer y era un niño débil y enfermizo.

A los 21 años de edad Einstein estaba sin empleo en Zurich y aguantaba hambre. Juan Sebastián Bach quedó sin padres a sus 10 años y no pudo ingresar a la universidad por su pobreza. Las dificultades no arredraron a los hombres de valía, sino que les sirvieron para ser más.

San Juan de la Cruz se inspiró para sus poesías místicas en una cárcel de Toledo. Pedro Claver atendió a 300.000 esclavos en ambientes nauseabundos y con la oposición de los traficantes. Chaplin convirtió su miseria en humor. Fue un gamín con el papá alcohólico y la mamá loca.

Tener altos ideales

*P*ersonajes como Nelson Mandela nos impulsan a no perder la fe en la humanidad y a esperar contra toda esperanza. Capaz de soportar con coraje 26 años de cárcel por ideales como la libertad y la justicia, es el Luther King de Suráfrica.

"He luchado contra la dominación blanca y la negra. He acariciado el ideal de una sociedad libre. Por este ideal espero vivir, por este ideal espero morir si es necesario". Como hijo de una familia aristocrática podría vivir sin sobresaltos, pero siente el dolor ajeno. Nelson Mandela nos enseña que a la larga el bien es más poderoso que el mal. El mundo sale del caos con seres de tal reciedumbre moral y tal transparencia espiritual.

Si ya las palabras están vacías, vidas como las de Mandela son un imán de rectitud y de bondad. En su vida se cumple este pensamiento de Ghandi: "Creo que la fuerza que nace de la verdad puede reemplazar a la violencia".

Abortar

L o más fácil y cómodo es legalizar el aborto,
pero lo ético y conveniente es educar para unas
relaciones maduras y responsables. Necesitamos
asumir la sexualidad positivamente como un
don integral que pide amor y conciencia. Hacer
toda una campaña permanente de prevención y
de apoyo para embarazos no deseados, sin violar
el derecho sagrado a la vida.

Si matáramos a la gente por pobreza, o por
traumas o penas, ¿cuántas personas quedarían
con vida sobre la Tierra? La mayoría de los
grandes hombres superó problemas de orfandad,
miseria y limitaciones. Son inhumanas las
"buenas razones" que aducen los abortistas para
acabar con la vida naciente. Ese pretendido
humanismo deben aplicarlo de verdad con la
embarazada para ayudarla anímicamente y, si
hace falta, económicamente.

En caso de que no quiera educar a su bebé,
hay miles de parejas en el mundo deseosas de
adoptar una criatura. La mujer es dueña de su
vientre, pero no de la vida que alberga.
Legalizar el aborto no es signo de modernismo,
sino de decadencia.

Perseverar y triunfar

C uando Julio Verne terminó su primera gran obra *Cinco semanas en globo*, el primer editor la rechazó. Lo mismo hicieron otros que visitó. Pero el gran escritor francés no se daba fácilmente por vencido. Tenía una cualidad de las personas que triunfan: la constancia. Julio Verne visitó a 15 editores y todos se negaron a publicar su obra. Fue Jules Hetzel, el número dieciséis en la lista, el que descubrió que tenía en frente a un talento en el campo nuevo de la ciencia ficción.

¿Somos tan perseverantes como para insistir 16 veces? ¿Más aún, tenemos la constancia de un Thomas Alva Edison que hizo casi diez mil ensayos para encontrar el filamento que trajo la luz eléctrica? La gran Santa Teresa de Jesús decía "La paciencia todo lo alcanza".

Esa paciencia, que es la ciencia de la paz, es la que nos conviene cultivar en lo más íntimo del ser para cosechar buenos frutos. Una paciencia a toda prueba. Entonces no hay obstáculo que no se supere y no hay meta que no se alcance.

Dar gracias

*L*a gratitud es un distintivo de las almas grandes. Dar gracias es saber valorar todo lo bueno. "La gratitud no es sólo la más grande de las virtudes, sino que engendra todas las demás", decía Cicerón.

Alguien dijo que vivimos llorando por no tener zapatos en lugar de dar gracias por tener pies. Debemos dar gracias a Dios y a los demás por todo lo bello, grato, hermoso y placentero. Hay que orar más para agradecer y bendecir, que para pedir. ¡Es tanto lo que hemos recibido! Si hay inválidos y pobres que demuestran tanta gratitud, ¿por qué otros sólo saben de quejas y lamentos?

Gratitud es enterrar la inconformidad, contar los bienes y cantar: "Gracias a la vida que me ha dado tanto...". Cuando vives dando gracias estás alegre, eres positivo y te alumbra la luz de la esperanza.

Historia Oriental

*D*os hermanos, el uno soltero y el otro casado, poseían una granja y se repartían el grano por partes iguales. Con el tiempo el casado se dijo: "Yo, con mujer e hijos tengo garantizada mi vejez. ¿Quién cuidará de mi hermano cuando sea viejo? Necesita ahorrar más para el futuro. Necesita más que yo". Y cada noche llevaba un saco de trigo al granero del hermano.

También el soltero pensaba por la noche: "Esto es injusto. Mi hermano con mujer e hijos sólo recibe la mitad de la cosecha; necesita más que yo. Yo no tengo que mantener a nadie". Y sigilosamente llevaba un saco de grano al granero de su hermano en la noche. Un día se levantaron al mismo tiempo tropezaron uno con otro, cada cual con su saco a la espalda, y se abrazaron al ver como se amaban.

Esta historia nos llama a compartir. Ayudar a quien nos necesita es sembrar la paz con la justicia.

Confesión de Napoleón

*T*estimonio de Napoleón Bonaparte: "A pesar de todas sus hazañas, Alejandro y César sólo están en la memoria de los hombres como tema de estudio. ¿Quién ama hoy a Alejandro y a César? Pues bien, también yo voy a morir.
Seré polvo como ellos. Por espacio de unos veinte o treinta años, el día de mi aniversario, algunos veteranos del imperio beberán una botella de vino en mi honor. Después no se hablará de mí y nadie me amará. Un solo hombre tiene amigos al cabo de 1800 años de su muerte. Ese único hombre que ha podido consolidar de un modo durable su amor en la Tierra, es Jesucristo".

Confesión del célebre preso de Santa Elena, muy apropiada para pensar en el valor del poder y el poseer. Hace más por el mundo quien conquista corazones con el amor que el que conquista imperios con las armas. Lástima que en la historia nos hablen mucho de los guerreros y muy poco de los servidores de la humanidad. Es mejor amar que dominar, mejor dar que acumular.

Rishis: Sabios

El poeta persa Saadí fue un día a la casa de un hombre rico para que le prestara cierta cantidad de dinero. El rico, para humillarle, le preguntó:

-¿Cómo es que el sabio viene a la puerta del rico y el rico no llama nunca a la puerta del sabio?

-Es muy sencillo -contestó Saadí- es porque el sabio conoce el precio de la riqueza, mientras que el rico no es capaz de conocer el precio de la sabiduría.

Recuerda uno a Tagore cuando dice que en la India se rinde veneración a los *Rishis*. Hombres llenos de sabiduría por haber alcanzado la perfección espiritual, viviendo en armonía con su yo interior. No se admira allí al poderoso o al rico, sino al que llega a la posesión de Dios y de la paz. Ese es un *Rishi*, un sabio.

La auténtica grandeza del hombre no estriba en sus riquezas, sino en la sabiduría que emana del amor. Un amor en tres: a sí mismo, a Dios y a los demás.

Creer y visualizar

*E*l famoso jugador de golf Jack Nicklaus jamás hace una jugada sin antes imaginar el movimiento preciso. Confiesa que antes de un tiro ve en su mente la trayectoria de la pelota en el aire y dónde caerá.

Las personas de éxito saben del poder de una actitud mental positiva y de la visualización. Antes de una acción difícil es muy útil repasar el resultado deseado una y otra vez en la mente. Es una técnica que produce excelentes resultados para cambiar defectos por cualidades. La práctica de cerrar los ojos, relajarse y verse distinto ayuda para poder uno renovarse. No hablemos de efectos mágicos. Es algo que exige dedicación, disciplina y mucho interés.

En China, un pianista estuvo siete años en la cárcel durante la revolución cultural. Poco después de recobrar su libertad tocó mejor que nunca. Lo explicó así: "Todos los días practicaba mentalmente".

Así somos

S i alguien tarda en hacer algo decimos que es lento; si la demora es nuestra es que somos concienzudos.

Si el otro no hace lo que debe es perezoso; si somos nosotros es porque estamos muy ocupados.

Si alguien hace algo sin esperar a que se le diga, se ha tomado atribuciones indebidas; si somos nosotros los que procedemos espontáneamente, es porque tenemos buena iniciativa.

Cuando otro sostiene con vigor sus puntos de vista lo tildamos de terco; en nuestro caso, somos de convicciones firmes.

Cuando un extraño hace caso omiso de las reglas de urbanidad lo acusamos de mal educado; si nosotros violamos las normas, es porque somos muy originales. Las personas rectas y fieles a unos principios morales son anticuadas; nuestros vicios son prueba de que somos modernos.

"Errar es humano" es la excusa para lo malo. ¿Obrar bien será sobrehumano? No, acertar es tan humano como errar. Elige bien, sin justificar a toda hora tus errores.

La verdadera riqueza

*T*oda persona que tratas es superior a ti en algo y puedes aprender mucho de ella. Que la soberbia no te impida apreciar las cualidades de aquellos a quienes crees inferiores. Aprende sin envidia del que parece estar por encima de ti, y sin orgullo del que parece estar debajo. Tú eres rico y pobre en muchas cosas.

La vida está mejor balanceada de lo que se ve superficialmente. Cuando te digan que alguien es pobre o rico pregunta: "¿En qué?" Que no te engañen las apariencias. Cuán miserables son algunos que manejan millones y cuán ricos son otros que visten harapos.

A Ghandhi se le quejaron en la Corte Inglesa por ir ante la reina cubierto con su pobre sábana blanca. Esta fue su respuesta: "¡Con todo el ropaje que viste la reina basta y sobra para los dos!" Sé rico en buenas obras: esa es la verdadera riqueza.

"No me nace"

*U*n buen concertista no sólo se ejercita cuando le nace. Un buen deportista entrena aún sin ganas. El amor lo expresan las madres a sus hijos no sólo por gusto, sino en situaciones difíciles e incómodas. Pero la fe de tanta gente es de puro gusto: "Practico cuando me nace".

Es una fe de sentimentalismo más que de entrega, una fe cómoda y ocasional. Se desvanece ante la cruz. Cicatero es el amor a Dios de aquellos que oran, y van al culto sólo cuando sienten ganas. Claro que no hay que practicar por cumplir o a la brava. Por eso hay que poner el corazón.

Hay valores en la vida como el amor y la fe que se cultivan por su trascendencia, no porque nos nace. Qué tal los novios diciéndose: "¡viviré contigo cuando me nazca!" ¡Qué tal las mamás amando cuando tengan ganas! Sería un pobre amor. Tan mezquino como la fe de muchos.

Disfrutar el hoy

L os sentimientos de culpa son un cáncer del espíritu. Es nocivo culparse a sí mismo o a los demás. Es bueno reconocer los errores, pero sin afincarse en el ayer con severas acusaciones.

Cree en la fuerza liberadora del perdón. Dios es perdón y "no lleva cuentas del mal". La culpa ya no mejora el pasado, pero si daña el presente y oscurece el porvenir. Culparse al morir alguien es enterrarse en vida. Perdónate a ti mismo y deja el lastre de tus yerros. Ama cada día más para progresar, pero no te acuses con masoquismo.

La culpa es un viaje inútil al pasado. Si hoy lloras por lo que hiciste ayer, mañana tendrás que llorar por las energías malgastadas hoy. "Si de noche lloras por el sol, no podrás admirar las estrellas". J. Gibran. Disfruta el ahora que vives, sin recriminarte ni recriminar a otros por lo que ya pasó.

Construir catedrales

*E*n plena Edad Media un peregrino vio en
París a tres obreros trabajando con grandes
bloques de piedra.

-¿Qué están haciendo? Les preguntó.

-Cortando piedra, dijo uno con indiferencia.

-Ganándonos unos francos, repuso secamente
el segundo.

El tercero suspendió su labor por un momento y
con marcado entusiasmo respondió:

-Estamos construyendo una hermosa catedral
que va a ser la más importante de la ciudad.
En el hogar, la empresa, el centro de estudio y el
país hacen falta personas que vibren al
"Construir Catedrales". Personas creadoras,
positivas y entusiastas, que tomen el trabajo
con motivación y esperanza.

Se buscan personas que no sólo laboran por
obligación y por dinero. Seres que quieren lo
que hacen aunque no hagan lo que quieren. Que
miran el trabajo como una oportunidad para
servir y dar buen fruto con sus dones. Personas
que en su labor diaria "Construyen Catedrales".

Perseverar

*L*a gran científica Maric Curie y su esposo Pierre eran muy pacientes. Durante cuatro largos años procesaron seis toneladas de minerales para obtener una cucharadita de un nuevo elemento. Así descubrieron el radium e hicieron un aporte fundamental para el avance de la energía atómica.

Por su amor al estudio y su perseverancia, madame Curie es la única mujer con dos premios Nobel. Un buen modelo para quienes se ilusionan con triunfos tan fáciles como efímeros. El futuro sólo es promisorio para los que con paciencia cultivan los valores del espíritu.

A los seres sin hondura interior se les cierra el horizonte. Las personas vacías se llenan de frustración. ¡Qué pobres son los que se enriquecen fácilmente! Sólo las almas grandes saben de la verdadera riqueza. ¡Sé perseverante!

Vencer o morir

*L*a gran santa Teresa de Jesús repetía con
énfasis que para el éxito se precisa una
"Determinada determinación". Es la que le falta
a aquellos que se dan por vencidos ante la
primera dificultad. Hay que aprender a nadar
contra la corriente, a capear los temporales, a
no soltar el timón.

En la vida, como en la mar, llegan a buen
puerto los decididos, los que perseveran. La
santa carmelita buscaba siempre personas
animosas y le decía a sus religiosas: "Va muy
mucho en comenzar con gran determinación.
Ayuda mucho tener altos pensamientos para
que así lo sean las obras".

Esa determinada determinación nos impide
caer en la desconfianza o en la autocompasión.
Con razón decía Corneille: "El que ha resuelto
vencer o morir, rara vez es vencido". Las
personas animosas poco saben de fracasos.

Buena comunicación

*L*a expresión "pero" suele ser una forma de decir sí y no en la misma frase: "Yo te amo, pero me gustaría que fueras más ordenado". Este uso del "pero" incomoda a los demás y crea confusión.

Sustituye el "pero" por "y" y lograrás una buena comunicación con los demás. Es mejor decir "yo te amo y me gustaría que fueras más ordenado". Se siente uno bien al decirlo y gusta a quien lo escucha. Además no contrapone dos ideas.

Evita también al máximo los términos "siempre" y "nunca". Rara vez se acierta al usarlos. No digas: "siempre me haces enojar". Di mejor: "En este momento estoy enojado contigo". Es la forma sana de enjuiciar los hechos. Nadie es malo siempre y eres tú quien elige enojarse. Una buena comunicación perfecciona las relaciones.

Fe con obras

*H*ay un divorcio funesto: el divorcio entre fe y vida. Personas que viven mal y dicen "soy muy creyente". Muchos se engañan con una fe de rezos, velones, Biblia y culto, junto a una vida amoral: explotadores y torturadores que oran, asesinos que van al templo. Se va a misa con la amante.

Cuando unos comisionados colombianos de paz visitaron al bandolero "Chispas" se llevaron una sorpresa. Fue en el cuatrienio 1958-62. Chispas era un ídolo en el Quindío. Vestía uniforme militar. Tenía una ametralladora con una cruz grabada. Un comisionado le quiso regalar una medalla. El agradeció con mirada penetrante. Se abrió la camisa y vieron una gran cantidad de medallas en su pecho.

Ahí está pintada la fe de muchos. Por eso estamos tan mal. Con una religión desligada de la vida. "La fe sin obras está muerta", decía Santiago Apóstol. Creer se escribe y se vive con la misma "C" de compromiso.

Graciagramas

*E*n San Luis, Estados Unidos, vive Edward Kramer, "El hombre de las gracias". Creador de los "graciagramas"- Son tarjetas de gratitud para cualquier ocasión. Vende miles y miles a toda clase de personas.

Comenzó con sus hijos, al enseñarles a ser agradecidos. Les pedía que recordaran cada día tres buenas acciones. Por la noche redactaba con ellos notas de gratitud y elogio a las personas merecedoras. Hoy le piden graciagramas de todo el país. Para amigos, funcionarios, profesores, taxistas, vecinos, etc. Enseñan a descubrir y valorar lo bueno en los otros, para motivarlos a dar más con la gratitud.

Tú también puedes elaborar tus propios graciagramas. Iluminarás tu vida y la de los demás. Escribe notas breves de reconocimiento y sembrarás una flor de amor en muchos corazones. Gracias por leer este mensaje.

Teresa de Calcuta

Así piensa la Madre Teresa de Calcuta: "Cuando las cosas se adueñan de nosotros, nos volvemos muy pobres. La pobreza espiritual, mas dura y profunda que la material, anida en quienes se apegan a las cosas. Creo que la persona apegada a la riqueza es muy pobre; si la pone al servicio de los demás, es muy rica.

Hay pobres en todas partes, pero la pobreza mayor consiste en no ser amados. Podemos tener pobres en nuestra casa, no con hambre de pan, pero sí de amor. No necesitan vestido sino comprensión; no una casa, sino cobijo en nuestro corazón.

Muchos de los sufrimientos que hay esparcidos por el mundo dependen de la desunión de las familias. Debemos amar a los que tenemos más cerca, en nuestra propia familia. Es más fácil ofrecer comida a un pobre que confortar a un ser querido. Amemos a quien está cerca."

Te amo, Señor

*T*e amo, oh Dios, y ese amor acrecienta mi
aprecio a los demás y la autoestima. Creo en Ti,
Señor, y crece así la confianza en mis
capacidades y en las de los demás. Espero en Ti,
Mi Creador, y se fortalece la seguridad en mí
mismo y en los otros.

Te doy gracias, Padre del cielo, y la gratitud
inunda mi ser con júbilo y optimismo. Te adoro,
Supremo Hacedor, y siento que eres el único
Dios, principio y fin, alfa y omega.
Te bendigo, buen pastor, y sé que nada temo
porque Tú vas conmigo y eres verdad y vida.

Te invoco, Luz del mundo, y me iluminas con
la claridad de tu Espíritu Santo. Te busco, oh
Señor, y como amigo que, nunca falla me
animas a servirte en los demás. Te alabo, Rey
Celestial, y llega a mí tu reino de paz, justicia y
amor.

Alguien te quiere

*U*na historia singular: mi hermana llamó un día para comunicarme que había recibido una docena de rosas con una tarjeta. Allí se leía: "Alguien que te quiere", sin ninguna firma. Como buena soltera pensó de inmediato en sus exnovios. Luego se puso a recordar a sus amigos y luego a sus familiares y a los compañeros de trabajo.

Agotada la lista de posibilidades, telefoneó a una amiga para que le ayudara a averiguar. Esta le dijo algo que ayudó a aclarar la duda. "¿Janeth, fuiste tú?" Le preguntó mi hermana. "Sí," asintió ella tímidamente. "¿Por qué lo hiciste?" "Porque la última vez que charlamos te vi sumamente decaída y desmotivada. Quise enviarte un detalle que te hiciera pasar todo el día pensando en la gente que te quiere."

En las crisis y problemas nos sumergimos sólo en lo negativo. Entonces nos urge contar nuestros bienes.

Saber decir no

Aprender a decir NO les evita penas a los que sufren de "neurosis de complacencia", víctimas que confunden la bondad con la ingenuidad. Actitud enfermiza de los que buscan complacer a todos y saben mucho de la desdicha y poco de la felicidad.

Siempre que abusan de ti es porque lo permites y eres en buena parte responsable de tu desventura. El amor pide renuncias, pero no exige que seamos infelices para hacer felices a los demás. Te engañas si estás mal para que otros estén bien. Valórate y hazte respetar para salir del calabozo del masoquismo.

Para reforzar la autoestima cuenta a diario tus dones, recuerda tus logros, sé tú mismo, cree en tus talentos y aprovéchalos. Nadie puede manipularte sin tu consentimiento. La "Neurosis de complacencia" frustra a muchos en el amor conyugal, paternal, filial, de amigos y hasta en lo laboral.

Equilibrio para educar

Alguna vez oí que criar hijos es como sostener en la mano una barra de jabón muy húmeda. Si se aprieta demasiado sale disparada, y si no se oprime lo suficiente se nos resbala de los dedos. Una presión firme y suave permite el control.

La clave de la educación está en el equilibrio. Quien más logra de las personas sabe cuándo exigir y cuándo transigir. Difícil, pero no imposible. Es tan nociva la rigidez como la blandura. Hay que balancear ambas actitudes. Es como el secreto para elevar cometas: saber soltar o recobrar la cuerda en el momento justo.

A la mejor domadora de fieras de Europa le preguntaron cuál era su fórmula para triunfar. Respondió: "La mezcla adecuada de látigo y azúcar". Si los papás dialogan harán la mezcla oportuna. Si no se ponen de acuerdo, afectarán a los hijos al exagerar cada uno en su blandura o su severidad.

Fe y paciencia

*L*as creencias autolimitantes constituyen quizás el mayor obstáculo para el éxito. Muchas veces los límites están en la mente, no en la realidad. Durante años se pensó que era imposible superar el récord de siete metros en salto largo. El atleta Bob Beamon causó asombro con su marca de 8,90 mts. en los Juegos Olímpicos de México.

Los triunfadores no se hacen falsas ilusiones, pero luchan para ir siempre un poco más allá. Con una gran fe y paciente dedicación, desarrolla tu inventiva y amplía tus fronteras.

Si rindes con los dones recibidos alcanzarás metas que tenías en el reino de la fantasía. Harás como los desahuciados positivos que viven años cuando les dieron meses de vida. No todo es realizable, pero en tu mente hay imposibles que con fe y lucha bien pueden ser logros tangibles.

Hambre de piel

*E*n nuestra casa, contaba un esposo, siempre hemos sido cariñosos con los hijos. Los hemos educado haciéndoles ver la importancia que tiene expresar el amor. Un día al despedir a mi hijo de 17 años en el aeropuerto, éste me dio un fuerte abrazo. Mientras lo miraba alejarse se acercó un hombre y me dijo:

- Lo vi despedirse de su hijo. ¿Siempre son así de afectuosos en su familia?

-Sí, nos gusta manifestar el cariño.

-¿Sabe usted cuánto daría yo porque uno de mis hijos me diera un abrazo así? Dijo entristecido.

-¿Y por qué esperar más? Abrácelo usted primero.

El estudioso Desmond Morris afirma que en Occidente se dan bloqueos para expresar el afecto. El hombre moderno está sólo en medio de la multitud. Divaga hambriento de amor. Propiciemos una educación humana y sexual para amar de verdad y volver a la intimidad; saber saciar "El hambre de piel" con afecto, abrazos, caricias y detalles; sin tabúes ni libertinajes.

Aprender siempre

*E*l literato francés André Maurois fue invitado a dictar una conferencia en Kansas, Estados Unidos. Con tal motivo le preguntó un periodista al escritor en el aula máxima de la universidad:

—Señor, ¿le gusta a usted enseñar?

—No, me gusta más aprender, dijo el intelectual.

Excelente respuesta para apreciar en Maurois esa sabiduría que da la sencillez. La persona que vive para aprender, difícilmente es soberbia o autosuficiente. La vida es corta para todo lo que se puede saber. El mejor maestro sigue siendo aprendiz. Es mejor decir con Sócrates "Sólo sé que nada sé".

Aprender es vivir motivado. Uno se alegra cuando acrecienta su acervo y sin pereza lee, estudia o investiga. Si te gusta aprender, no sabrás del *spleen*, y le dirás adiós al tedio.

Aprendices en el amor

"*N*o hay en la topografía humana paisaje menos explorado que el de los amores. Puede decirse que está todo por pensar. Todo está confundido y tergiversado. Un amor no se puede contar y así cada cual se atiene a su propia experiencia, casi siempre escasa.

¿Qué sería de la física si cada físico poseyese únicamente sus personales observaciones? Además, acaece que los hombres más capaces de pensar sobre el amor son los que menos lo han vivido. Si un médico habla sobre la digestión se le escucha con modestia y curiosidad. Pero si un sicólogo habla del amor, todos lo oyen con desdén; mejor dicho, no lo oyen. No llegan a enterarse de lo que enuncia, porque todos se creen doctores en la materia".

Son reflexiones de Ortega y Gasset. Sí, nos creemos doctores, pero en el amor estamos en kinder. Interésate por aprender a amar.

Comunicación no verbal

Cuando un ser querido no te habla, trata de decirte algo con su silencio. Sabemos mucho de una persona por lo que calla, no sólo por lo que dice. Es muy importante aprender a usar e interpretar el lenguaje no verbal.

Los gestos, las actitudes, las miradas y hasta los silencios hablan más que las palabras. La comunicación mejora cuando tú aprendes a interpretar ese mensaje no verbal de las personas. Un sí puede ser un no camuflado, o viceversa. Un "que vuelva" es a veces un "ojalá no regrese".

Si refuerzas lo que dices con actitudes o gestos apropiados, evitas malentendidos. Por falta de educación en este sentido, una deficiente comunicación impide mejores relaciones. Al hablar recuerda que tu imagen y tus gestos valen más que mil palabras.

Ojo con el perfeccionismo

*D*ecía cierta esposa a su cónyuge: "Si no fueras tan amigo de la perfección serías el marido perfecto". Busca la perfección sin pecar por un acendrado idealismo o por un pobre conformismo.

Cuando te crees sin tacha eres soberbio; si no admites errores en los demás te haces insoportable. Crece en la capacidad de aceptación en relación con tus fallas y las ajenas. Di la oración de los Alcohólicos Anónimos: "Dios mío, concédeme serenidad para aceptar lo que no puedo cambiar. Valor para cambiar lo que puedo, y sabiduría para reconocer la diferencia".

No excuses tus fallas al decir: "así soy yo." Lucha por ser mejor y ayuda a otros a progresar. Pero no seas perfeccionista. Amate y ama. Sé paciente contigo mismo y con los otros. Los seres perfectos sólo están en el cielo o en el manicomio.

Saber envejecer

*U*n viejo entusiasta y positivo no tiene espíritu
de joven, sino buen espíritu de viejo. No
hagamos de la juventud un mito. Ella no tiene
la exclusividad de lo bueno. Cada edad tiene su
tesoro y su carga de dificultades.

No hay que acomplejarse por no ser joven. Los
indígenas veneran más al anciano que al joven.
Valoran su sabiduría y experiencia. Es errado
afirmar: "Ese adulto tiene corazón juvenil".
Induce a renegar de los años. La alegría del
viejo vale tanto como la del joven, incluso más
por el peso de la edad.

Si sabes vivir serás feliz en cualquier etapa de
la vida. Cada una tiene su encanto. Serás feliz
de joven sin añorar al niño y feliz dando
felicidad como niño, joven, adulto o anciano.

Silencio y soledad

*T*estimonio de Carl Gustav Jung: "Quien tiene miedo busca el ruido y el bullicio porque el ruido inspira seguridad. En la soledad el temor nos haría reflexionar y es difícil prever todo aquello de lo que podríamos tomar conciencia.

La mayoría de la gente tiene miedo al silencio. Siempre hay que hacer algo cuando cesa una charla: silbar, cantar, murmurar. (Prender el radio o la TV). ¿Es que tememos a los fantasmas? En absoluto. Lo que realmente tememos es lo que pueda surgir de nuestro interior, es decir, lo que el ruido ha reprimido".

Este análisis de Jung es certero y cada día más válido. Pocos disfrutan las riquezas de la interiorización. Quizás se extrañan al leer en la Biblia: "Jesús buscó un lugar solitario para orar". Lo hacía con asiduidad. Para ser más calmado y dueño de ti mismo, aprende a aprovechar el silencio y la soledad.

Quien ama exige

*U*no cree que los padres dan a sus hijos lo mejor: el mejor colegio, el mejor vestido, el mejor juguete. Sin embargo, a veces, al dar lo que se piensa es lo mejor, se les ofrece lo peor. Así sucede cuando se da sólo lo material y los hijos no aprenden a valorar las cosas y a ser corresponsables.

No es formativo dar a los hijos todo lo que piden y solucionar todos sus problemas. Unos padres pecan por dar cosas sin dar amor, otros por mimar en demasía, y otros por ser padres a distancia. Dar a los hijos lo mejor de lo mejor es darles riqueza espiritual y valores trascendentes.

Los buenos padres son también guías espirituales de sus hijos. En sus hogares la fe es importante. Los buenos padres aman y exigen, dan, se dan y saben recibir; se aman para poder amar.

Origen del mal

*N*o creas que los accidentes, sismos, enfermedades, muertes y otros males son voluntad de Dios. De Dios sólo procede el bien. Los males los provoca el hombre. No son fruto del destino. Nacen del mal uso de la libertad, de malas decisiones y de falta de prevención.

El mal se origina cuando actuamos contra la voluntad de Dios, con odio, egoísmo y violencia. Identifica tu voluntad con la del Creador. Sembrarás el bien y el bien cosecharás. Así como disfrutas bienes sin merecerlos, acepta los males que no has propiciado, sin caer en el conformismo.

Dios es amor. No manda pruebas ni castigos como se creía en el antiguo testamento. "No hay temor en el amor, porque el temor mira al castigo. Quien teme no ha llegado a la plenitud en el amor". 1 Juan 4,18.

Es fácil engendrar

*T*ú dices: "Me gustaría tener un hijo". Di mejor: "¿Le gustaría a un niño tenerme a mí como padre o madre?" No seas papá o mamá sólo por gusto. Menos por llenar vacíos afectivos, por soledad o dependencia.

Sé responsable. No traigas criaturas al mundo si ha de ser para que sufran. No tienes derecho a trazar un destino desdichado para los hijos. Ellos se merecen lo mejor. No aumentes el número de hijos con papás y mamás prestados o a distancia. Tu vida es tu vida, pero en las relaciones íntimas está en juego la vida de un inocente. Sé consciente y no cargarás con el peso de un aborto o el drama de un hijo traumatizado y deprimido. Un niño tiene derecho a un hogar estable y lleno de amor.

De cada 100 niños que nacen en el país, 50 son extramatrimoniales. De cada 2.000 niños, 600 no tienen padre conocido. Y para otros muchos sería mejor no conocerlo. ¡Qué fácil es engendrar! ¡Qué arduo es educar!

Sí a la vida

Cifras de la ONU en 1.990: 120 mil abortos por día, más de 3 millones por mes, más de 43 millones al año. Según la Resolución 4376 del Parlamento Europeo: "La ciencia prueba que la vida humana comienza en el acto mismo de la concepción. En ese mismo instante están presentes todas las propiedades biológicas y genéticas del ser humano".

Palabras vacías para los que se excusan así: "Es un trozo de carne, nacería para sufrir, ahí no hay vida...". ¿Abortaría usted a un bebé con papá alcohólico, abuela sifilítica, mamá tuberculosa y hogar sumido en la pobreza? Si su respuesta es sí, acaba usted de asesinar a Beethoven.

Pobreza, honor o sufrimiento no son razones para matar. El camino no es contentarse con condenar el aborto o legalizarlo. La solución está en la justicia social y la educación para un amor responsable.

Una hora de tiempo

*D*e autor anónimo:
-Papi, ¿cuánto ganas por hora?
-No me molestes que estoy ocupado, responde el papá con dureza.
-Papá, por favor, sólo dime ¿cuánto ganas por hora?
-Dos mil pesos, responde el papá con menos severidad.
-Papá ¿me podrías prestar cuatrocientos pesos?
-Véte a dormir y no me canses, dice el papá encolerizado. Cae la noche. El papá medita y se siente culpable. Va al cuarto del pequeño y le dice en voz baja:
-Aquí tienes el dinero que me pediste.
El niño le da las gracias, mete su manita bajo la almohada y saca unos billetes.
-Ahora ya completé el dinero. Papi, ¿me podrías vender una hora de tiempo?

Es maravilloso dedicar tiempo a los hijos. Ese que dedicamos a cosas menos importantes o a cosas nocivas.

Historia del rabino

Cierta comunidad judía estaba intrigada porque su rabino desaparecía siempre la víspera del sábado. Sospechando que se encontraba en secreto con el Todopoderoso encargaron a alguien que le siguiera.

Así lo hizo el 'espía' y comprobó que el viernes, el rabino se disfrazaba de campesino. Luego iba a la casa de una anciana pagana paralítica, limpiaba su cabaña y la atendía con amor. Cuando el 'espía' regresó, la congregación le preguntó, ¿A dónde ha ido el rabino? ¿Le has visto ascender al cielo? No, respondió el otro, ha subido aún más arriba!.

Como los muros que separan las religiones no llegan hasta el cielo, Dios tiene amigos en todas ellas. Somos nosotros los que nos dividimos y llamamos con distintos nombres al único y verdadero Dios. Algún día el amor, que es lo esencial, nos unirá y no discutiremos por cosas accidentales.

Contador sin título

Si anhelas vivir bien no seas contador sin título. No lleves cuentas del mal. Perdona para ser perdonado. San Pablo dice que el amor es comprensivo, servicial, sin envidia, que no se irrita y no lleva cuentas del mal.

Se evitan conflictos cuando quien falla reconoce su error y se esfuerza por cambiar. Por su parte el ofendido trata de cancelar la ofensa en lugar de archivarla y sacarla en cara de nuevo. No seas un archivador de ultrajes, injurias y faltas. El resentido no puede ser feliz. El rencor sólo le hace daño a una persona: A quien lo cultiva, no al que hizo el mal. Cuando tú fallas no abuses del perdón ajeno, lucha por ser mejor y corregir tus errores y defectos. Si eres el agraviado, no te hagas daño con el rencor o la venganza.

Muestra tu grandeza al perdonar. "Revestíos de misericordia, bondad, humildad, mansedumbre y paciencia, perdonándonos mutuamente". San Pablo.

Plegaria del Corán

Setecientos millones de hermanos nuestros son Musulmanes. Mucho nos enseñan los fieles de Alá. En su religión son muy importantes la oración, el ayuno y la limosna.

Oremos con esta plegaria del Corán: Alabado sea Dios, Señor del universo, el Compasivo, el Misericordioso, Juez en el día de la remuneración. Te adoramos, te pedimos que nos ayudes. Guíanos por el camino recto. El camino de aquellos a quienes Tú has favorecido. Oh humanidad, honra a tu Guardián-Señor que te creó de una sola persona. Si el enemigo busca la paz, haz tú otro tanto y confía en Dios, porque El es quien oye y conoce todas las cosas.

Los servidores del Dios misericordioso son aquellos que caminan sobre la tierra con humildad. Cuando el ignorante se dirige a ellos, le dicen: ¡Paz!

Los vendedores de calzado

Afines del siglo pasado, una empresa de calzado envió a dos vendedores a un país africano para hacer un estudio de mercadeo. Al poco tiempo llegaron a la factoría dos telegramas: Mercado cerrado, posibilidades nulas. Aquí nadie usa calzado. Decía el primero. Mercado abierto: todas las posibilidades. Aquí nadie usa calzado. Afirmaba el segundo.

Donde unos ven dificultades otros ven oportunidades. Se ve la botella medio vacía o medio llena. Si quieres huir del fracaso ante un problema, busca las soluciones, sin perder tiempo en lamentos. No alimentes la frustración con quejas, escepticismo y negatividad.

Prende la llama del entusiasmo. Desarrolla la creatividad de los inventores, la energía interior de los santos, la audacia de los descubridores. Casi todo lo que usas es la solución a un problema, hallada por un inventor positivo.

El respeto une

*D*ijo una vez Luther King: "si no sabemos vivir todos juntos como hermanos, pereceremos todos juntos como idiotas". Para hacer efectiva la hermandad es decisiva. La tolerancia entendida como indulgencia, respeto y consideración.

Acepta las maneras de pensar, actuar y de sentir de los demás, aunque sean diferentes de las tuyas. Es el amor en ejercicio, con la certeza de que la unidad en la diversidad expresa riqueza. La uniformidad empobrece, limita y tensiona. Sin respeto, el amor es una falacia.

Es común en la India que en una misma calle vivan hindúes, budistas, musulmanes y cristianos. No se injurian ni pelean; conviven fraternalmente porque se respetan y tienen apertura mental. La hermandad es posible cuando acabas con la injusticia, el odio, el egoísmo y la violencia.

Amor a los padres

Como hijo no conjugues el verbo dar sólo para recibir. Tantos hijos únicamente saben decir: "déme", "cómpreme", "necesito". Esfuérzate por comprender a tus padres ya que quieres ser comprendido. Ama para ser amado. Interésate por ellos, comparte sus alegrías, anímalos en sus momentos difíciles.

No seas de aquellos para los que la casa es un hotel; sólo viven para la calle y sus amigos. Serás feliz si cuidas a tus padres con ese mismo amor y esa dedicación que recibiste desde el nacimiento. Trata a tus progenitores con respeto y amor. No te afilies al infeliz Club de los Ingratos. Tus padres no son perfectos, así como tú no eres un ángel. Sé tolerante con sus fallas.

Mira cuánto cuidado pide un niño y tendrás la medida de cómo puedes corresponder con gratitud. "Con tu corazón honra a tu padre y no olvides los dolores de tu madre. ¡Cómo les pagarás lo que han hecho contigo?". Eclesiástico 7.28.

El sabio hindú

*U*n sabio hindú preguntó a sus discípulos si sabían cuándo acababa la noche y empezaba el día.

Uno de ellos dijo: "Cuando ves a un animal a distancia y puedes distinguir si es una vaca o un caballo". "No", dijo el maestro. Entonces otro discípulo dijo: "Cuando miras a un árbol a lo lejos y puedes distinguir si es un mango o un naranjo". "Tampoco", repuso el sabio gurú. "Está bien, dijeron los discípulos. Dinos cuándo es". Y el maestro les dijo. "Cuando miras a un hombre al rostro y reconoces en él a tu hermano; cuando miras a la cara a una mujer y reconoces en ella a tu hermana. Si no eres capaz de esto, entonces, sea la hora que sea, aún es de noche".

No mires la hermandad como una utopía. Que ella sea tu ideal, hazla posible con un amor universal. Desecha el fanatismo de todo tipo, cancela la discriminación, vive para unir, no para dividir. Reconoce en todo ser humano a un hermano y la noche se alejará.

Historia del campesino

*U*n pobre campesino regresaba del mercado a altas horas de la noche. Descubrió de pronto que no llevaba su libro de oraciones. Se hallaba en medio del bosque y se le había salido una rueda de su carreta.

El pobre hombre estaba afligido pensando que aquel día no iba a poder recitar sus plegarias. Entonces oró de este modo: He cometido una verdadera estupidez, Señor. He salido sin mi libro de rezos. Tengo tan poca memoria que sin él no sé orar. De modo que voy a decir cinco veces el alfabeto muy despacio. Tú, que conoces todas las oraciones, puedes juntar las letras y formar las plegarias que ya no recuerdo.

Y Dios dijo a sus ángeles: De todas las oraciones que he escuchado hoy, ésta ha sido sin duda alguna, la mejor: Una oración que ha brotado de un corazón sencillo y sincero.

Edad y felicidad

*B*ernard Shaw escribió "*Fábulas improbables*" a los 92 años de edad. A sus 94 años, Bertrand Russell participaba en movimientos pacifistas. A los 89, Albert Schweitzer dirigía su hospital para los pobres en una inhóspita región africana.

Johan Goethe terminó de escribir *"Fausto"* a sus 83 años. A los 88, la modista Coco Chanel dirigía su empresa. El genial pintor Picasso estaba en plena actividad a los 80 años. Adenauer fue Canciller de Alemania a los 87. El Papa de la bondad, Juan XXIII, rejuveneció y renovó a la Iglesia Católica a la edad de 87 años.

Ser viejo no es un problema, lo grave está en no saber envejecer con donaire, alegría, paz y entusiasmo. Irradia bondad, amor y serenidad, y serás un viejo feliz.

Amate y valórate

*E*l primer amor es el amor a sí mismo.
Valórate y aprecia tus talentos. ¡Eres un hijo del
Padre Dios! No te hagas daño con la
autocompasión. No asumas el papel de víctima
para mendigar el cariño.

Amate para ser amado. Las quejas y los
lamentos te aislan y te hacen insoportable. Con
autoestima sentirás que eres único y que tienes
dones más que suficientes para triunfar.
Quiérete y no sufrirás con relaciones
dependientes y signadas con la marca fatídica
del masoquismo. No te menosprecies ya que a
nadie le gusta ser amigo de un quejumbroso.

Tú vales mucho si cultivas tus talentos.
¡Acéptate! Napoleón fue casi un enano. Por
muchos años Milton fue ciego y Edison sordo.
Celia Cruz no es una reina de belleza. Ama a los
demás como a ti mismo. ¿Cómo podrás amar si
no te valoras?

Sectas

Si usted interpreta literalmente el texto que aparece en Mateo 5. 29-30, se quedará sin ojos y sin manos. Para todos son ocasión de pecado. Cuando usted lee al pie de la letra el Salmo 109, peca por su venganza. Podrían citarse mil ejemplos más por mostrar como es muy conveniente leer la Biblia, pero sabiéndola aplicar.

Hay grupos en los que parece que saber mucha biblia, leída a su modo, importa más que hacer obras de misericordia. Para nada le sirvió a los fariseos y escribas ser doctos en las escrituras: acabaron crucificando al Mesías.

Hay una invasión de grupos cristianos que condenan a quien no es de su movimiento. Pecan por su fanatismo. Ese es el fariseísmo: creerse uno bueno y pensar que los demás están condenados si no son de su secta. Jesús dijo: "No juzguéis y no seréis juzgados".

Poder del entusiasmo

*L*ánzate a volar con el poder del entusiasmo. Es la energía divina que palpita en tu interior. Dí como San Agustín: "Te buscaba, Señor, fuera de mí, pero Tú estabas dentro de mí, más íntimo que mi propio Yo".

Haz todo con entusiasmo, con el corazón. Derrocha amor, alegría y dinamismo. Sé animoso y positivo. El entusiasta ilumina en las tinieblas y no naufraga ni en la más violenta tempestad. Trabaja con el poder de Dios y con esa fuerza supera la adversidad, tomando los males como desafíos. Sé como San Pablo que decía en la cárcel: "Todo lo puedo en Dios que me fortalece", y añadía: "¡Estad alegres!".

No tienes que robar el fuego de los dioses como Prometeo. Dios te da ese poder en su espíritu que mora en ti. Entusiasmo es tomar conciencia de que Dios está en el íntimo ser. La palabra entusiasmo viene del vocablo griego *enthousiasmos,* que significa estar inspirado por Dios, a quien llamaban Theos.

Apreciar la luz

Aprecia siempre las maravillas de la vida.
Disfruta con todo lo grato y positivo. En el
mundo hay más luz que oscuridad. Millones de
personas hacen el bien de muchísimas maneras.

Enríquece tu espíritu con buenas lecturas,
acciones heróicas, hermosas melodías, y
contemplando la grandeza del cosmos. No seas
del grupo de los quejumbrosos, pregoneros del
mal, que sólo saben lamentarse y renegar.
Cuídate de aquellos que son la crónica roja
ambulante y que en un instante te roban la paz
del corazón. Conoce de los males lo mínimo
necesario para no dejarte abatir por el
pesimismo.

Haz continuo balance de lo bueno y da gracias
porque hoy estamos mejor que antes en la
mayoría de las cosas. Mejor que en las cavernas
o en el circo romano, o mejor que en tiempos del
feudalismo o de la esclavitud.

Amor y humor

*L*e preguntaron al cómico Cantinflas: "¿Qué es lo que más necesita el mundo?" "Amor y humor", respondió. El buen humor es un modo de amar y ser amados. El malhumorado no se hace querer.

El buen humor brilla donde hay paz interior, sana alegría y capacidad para reírse de sí mismo. No consiste en hacer chistes a costa de la debilidad ajena, ni se confunde con la comicidad vulgar. Anda de buen talante el que está en paz con Dios, consigo mismo y con los demás; quien se ama y ama.

Las personas de buen genio y llenas de gracia no se toman tan en serio y no son graves ni adustas. Al igual que Jesús, sintonizan con los niños y, de hecho, son niños en el mejor sentido de la palabra. Con buen genio tendrás siempre amigos y buenas relaciones. Es grave ser tan grave. Fomenta el buen humor.

Brujerías

¿Quiere usted enriquecerse fácilmente? Hágase brujo o "profesor"; con tanto ingenuo e ignorante, el negocio es rentable. Busque un nombre sonoro: Kester, Asimun o Amenofis. Y diga que es parasicólogo y mentalista.

Anuncie un objeto raro: una cruz imantada o una pirámide magnética. La compra por cien pesos y la vende a cinco mil. Basta empacarla en una bolsita de tela que no se debe abrir para que no pierda su poder. Publique en revistas y en cierta prensa cartas ficticias en las que le agradecen sus curaciones y milagros. Con astucia y observación hable a sus clientes de cosas generales que salen del sentido común.

Infunda temor en sus supersticiosos visitantes; así los explotará más tiempo, aunque se crean cultos. Con esencias y anilinas se hará millonario vendiendo jabones, riegos y baños poderosos. ¡Los vivos viven de los bobos!

El Dios bombero

Confesión de Soren Kierkegaard. "La grandeza de un hombre depende de la intensidad de sus relaciones con Dios". Que Dios sea tu amigo constante; no el "Dios bombero" sólo para los problemas y las crisis. Que tus relaciones con El sean por amistad, no por obligación.

Al orar agradece, alaba y no te contentes únicamente con suplicar. No te engañes diciendo: "Creo pero no practico". Una fe sin obras es un contrasentido, un opio espiritual. Evita dos extremos: descuidar tu fe o ser un fanático de la misma. Ambas actitudes fomentan la incredulidad. Respeta a los que tienen otra religión. Dios ama a todos y valora a cada uno según su conciencia y su formación.

Dedica tiempo al cultivo del espíritu, así evitas muchos problemas y aprendes a sobrellevar otros. Pocos aman a Dios con todo el corazón. Mas bien aman las cosas antes que a Dios. Tú vives por El, vive también para El. Sé un buen hijo de Dios Padre y un hermano para todos.

Morir y renacer

*D*os poetas nos hablan con esperanza de la muerte como paso a otra vida de comunión plena en el amor.

"Tiene que haber alguna luz entre la noche más espesa, algún país desconocido donde no exista la tristeza. Hay momentos en que se siente un resplandor sobre la cara, como si al fin el corazón al paraíso se acercara". Así canta Carlos Castro Saavedra y sus versos encienden una luz en la noche oscura que llega con la muerte. Octavio Paz, por su parte, nos invita a aceptar el paso al más allá como un nuevo nacimiento: "¿Morir será volver a la vida de antes de la vida? Quizá nacer sea morir y morir, nacer. Quizá la muerte sea la verdadera vida".

La muerte no es soledad, sino encuentro con Dios y con los seres queridos que ya partieron. La muerte no es sumergirse en las tinieblas, sino extasiarse en la luz pacífica y amorosa del Creador.

Amar la verdad

Cuando amas de verdad tienes comprensión y sabes ponerte en el lugar de los demás. Así conoces sus razones para actuar, entiendes sus fallas y perdonas los agravios y las ofensas.

La comprensión nos hace tolerantes con los errores ajenos y suaviza las relaciones humanas. Con ella los padres no olvidan que fueron hijos y los hijos piensan qué harían como padres. El profesor y el jefe comprensivo se ponen en el lugar del alumno y el subordinado. Estos hacen otro tanto. Esta virtud nos hace ver que no somos dueños de la verdad y nos mueve a valorar la opinión contraria.

"¿Tu verdad? No, la verdad, y ven conmigo a buscarla. La tuya, guárdatela". Antonio Machado. Crece en una actitud comprensiva y serás instrumento de paz. Harás más amable la vida. Cuando pienses: "Yo hubiera actuado igual o peor", la flor de la comprensión ya adorna tu jardín.

Valores o virtudes

*E*n la Plaza de la Concordia, en París, se erigió hace tiempos la estatua ecuestre del rey Luis XV. Un monarca de costumbres disolutas y escasa moralidad. El monumento representaba cuatro virtudes: la justicia, la prudencia, la fortaleza y la templanza.

Un ciudadano ingenioso observó el pedestal dedicado al rey y dijo: "¡Qué monumento...y qué tiempos: "las virtudes a pie y el vicio a caballo". Para que esto no conserve su vigencia en nuestro país, el reto para todos es vivir con ética. Las virtudes o valores impiden que la familia y la sociedad se desmoronen.

No hay que fomentar el moralismo, sino crear actitudes de rectitud con el ejemplo y una educación positiva. No se trata de imponer con autoritarismo. Con amor y buen humor se educa mejor para la honestidad. Hablemos más de las ventajas de ser bueno que de los castigos para el malo, y habrá ética.

Stephen Hawking

*H*oy se le rinde culto al cuerpo como en la antigua Grecia. Están de moda los saunas y gimnasios. Algo bueno cuando es hecho con moderación. ¿Oué hacemos por el espíritu y por la mente? Qjalá mucho más que por la línea: buenas lecturas, oración amorosa, mucha relajación, fe viva, paz interior.

Stephen Hawking, el genio del siglo XX, nos muestra el triunfo del alma y la mente sobre el cuerpo. Este Newton moderno, sucesor de Einstein, es un ejemplo vivo del poder del espíritu en un cuerpo desgastado. Qué lección de vida y superación la del físico inglés: un alma grande infundiendo vida a un organismo paralizado. La terrible esclerosis lateral amiotrófica no ha minado el entusiasmo y la fe del investigador.

Conviene cuidar más el espíritu que los músculos, como Stephen Hawking: un alma dinámica en un cuerpo inmóvil. Somos unidad de mente, alma y cuerpo. Cuidemos los tres.

Cuidar la mente

*U*sted puede saber de la cruenta realidad con titulares y datos generales, pero satúrese de información. Lea y relea sobre crímenes. Vea una y otra vez las imágenes sangrientas. Oiga el llanto de los deudos.

Hable a diario sobre masacres y desastres. Vea el macabro cuadro con las víctimas. Sepa qué órganos perforaron la balas, mire cómo salió la masa encefálica. Animo, conozca los detalles. Visualice bien ese "Cuadro dantesco". Cultive su masoquismo, alimente su stress y sus jaquecas. Si le hablan de lo malo no cambie de tema. Averigue más sobre los crímenes. ¡Vea películas de terror! Repita a cada instante: ¡Qué horror! ¡Esto se acabó! ¡No hay nada que hacer! ¡Es terrible!

Sin desconocer la dura realidad, usted podría cuidar su mente, pero "Hay que estar super-informado". Se lo desean los vendedores de calmantes, no yo que espero haga todo lo contrario y avive su esperanza.

El amor crea y une

*M*editemos este texto de Martin Luther King: uno de los mayores problemas de la historia es que el amor y el poder se han enfrentado como polos opuestos. El amor se identificó como la resignación ante el poder, y el poder como la antítesis del amor. Hay que afirmar que el poder sin amor es temerario y abusivo y que el amor sin poder es sentimental y anémico.

El poder y su primacía, el amor, complementan los deseos de la justicia. La justicia y su primacía, que es también el amor, impedirán el odio y la violencia. El amor es la única fuerza capaz de transformar a un enemigo en un amigo. Nunca nos libramos del enemigo respondiendo al odio con odio. Nos libramos de el librándonos de la enemistad.

Por su misma naturaleza el odio destruye y desgarra. Por su misma naturaleza el amor crea y une. Hay amor donde brillan la comprensión, la sinceridad, el respeto, el cariño y la responsabilidad.

¡Qué lección de perdón!

*L*a madre de un hombre que pasó 6 años en la cárcel por un estupro que no cometió, perdonó a la mujer que lo acusó falsamente. "Le he robado 6 años de su vida y necesito su perdón", dijo Webb, quien acusó Gary Dotson de haberla violado.

A los 16 años de edad esta jovencita mintió porque temía estar embarazada de su novio. "Luego del juicio traté de olvidar, pero no podía vivir con el peso de háber acusado falsamente a un inocente". Gary Dotson de 28 años de edad, fue condenado a 25 años de cárcel en Illinois USA. "Estás perdonada. Yo lo único que quiero es tener a mi hijo de vuelta y te agradezco por revelar la verdad". Así dijo la mamá de Gary y añadió: "No pienso acusar a Webb de perjurio, ni yo ni mi hijo le tenemos rencor".

¡Es posible perdonar! No digas: "no quiero o no puedo". ¡Sí puedes! ¡Vives mejor si sabes pedir perdón y perdonar!

Sabiduría de Gandhi

"*L* a verdadera fuente de los derechos es el deber. Si cumplimos con nuestros deberes será fácil hacer que se respeten nuestros derechos.

El amor es la fuerza más humilde, pero la más poderosa de que dispone el mundo. El mundo está cansado de tanto odio. Tengo fe en que el amor es el arma más grande de la humanidad. Creo que la fuerza que nace de la verdad puede reemplazar a la violencia y a la guerra. El amor puede lograr la conversión simultánea de los que se autodenominan terroristas. Y la de los gobernantes que tratan de desarraigar el terrorismo castrando a toda la nación. A mi juicio, la administración de la ley, consciente o inconscientemente, se ha prostituido al servicio del explotador.

Sé que el acto más espiritual, amar, es al mismo tiempo el más práctico y el más revolucionario". Mahatma Gandhi.

La camisa del hombre felíz

*E*l primogénito de un poderoso sultán no era feliz y pidió a un sabio derviche el secreto de la felicidad. Este le dijo que no era fácil de encontrar, pero le dio un remedio infalible: ponerse la camisa de un hombre feliz.

El príncipe viajó y probó camisas de emperadores, reyes y gente poderosa. Todo fue en vano. Probó entonces las camisas de artistas y mercaderes, los ricos y los famosos, con resultados negativos. Así erró largo tiempo a la ventura y cuando regresaba taciturno al palacio de su padre tuvo una sorpresa. En el campo, un mísero labriego empujaba el arado, contento y rebosante de alegría.

Este es el hombre a quien busco, dijo el príncipe. Y le preguntó:
-Buen hombre ¿Eres feliz?
-¡Sí!, contestó el otro.
-¿No ambicionas nada? -No.
-Pues bien, véndeme tu camisa.
-¿Mi camisa?, repuso el campesino. ¡Yo no uso camisa!".
Esta historia es de Julio Verne.

Justicia social

*M*ensaje de San Basilio: "Del hambriento es el pan que tú retienes, del desnudo es el abrigo que guardas en el armario. Del descalzo es el calzado que se está pudriendo en tu poder. Del necesitado es el dinero que acumulas".

Expresiones duras porque más cruel es la miseria. "Socorrer a los necesitados es justicia", decía San Agustín. La justicia social es muchísimo más que dar limosna para acallar la voz de la conciencia. "No le regalas al pobre una parte de lo tuyo, sino que le devuelves algo de lo suyo". San Ambrosio.

Decía Mahatma Gandhi: "Está muy bien hablar de Dios cuando se ha desayunado bien y se espera un almuerzo mejor. Pero es imposible calentarse al sol de la presencia divina cuando millones de hambrientos llaman a nuestra puerta". No hablemos de pobres, sino de empobrecidos por el sistema, el derroche y la explotación. "Felices los que tienen hambre y sed de justicia".

Alma y ánimo

*E*n la película *El amor de mi vida* el pianista
Arthur Rubistein discurre así: "En todo idioma
hay una palabra secreta que hasta ahora nadie
ha logrado explicarme: Alma. ¿Qué es el alma?

Una vez se lo pregunté al señor Einstein, pero
no me lo pudo decir. Luego le pregunté a
madame Curie y a muchas otras personas, pero
ninguna respuesta me satisfizo. Incluso
respuestas de clérigos fueron largas, pero
inconexas. El alma, creo yo, es una especie de
motor de la vida que, en conjunto, bien puede
explicar la razón de la creación. Cuando sólo
cuidas el cuerpo eres una persona sin ánimo
vital".

En latin ánimo viene de *anima*, es decir,
alma: el espíritu que anima. La interiorización
fortalece el contacto con el espíritu la oración lo
enriquece, el amor lo vivifica. ¡Como está tu
alma así está tu vida!

Historia de los abuelos

*E*l abuelo y la abuela se habían peleado, y la abuela estaba tan enojada que no le dirigía la palabra al marido. Al día siguiente el abuelo había olvidado por completo la pelea, pero la abuela seguía sin hablarle. Por más esfuerzos que hacia el abuelo no sacaba a la esposa de su mutismo y de su resentimiento.

Al fin el abuelo se puso a revolver todos los armarios y los escaparates de la casa. Llevaba así varios minutos hasta que la abuela no pudo contenerse y le gritó airada: ¿Se puede saber que demonios estás buscando? ¡Gracias a Dios ya lo he encontrado! Dijo el abuelo con una maliciosa sonrisa! ¡Tu voz!.

En la universidad de Duque, en Estados Unidos, se hizo un estudio sobre la tranquilidad mental. Se detectó que la principal causa de infelicidad es ésta: alimentar un resentimiento. La segunda causa: vivir en el pasado.

Enseñar a pescar

Si das pescado a un hombre se alimentará una vez. Si le enseñas a pescar se alimentará toda la vida. Si tus planes son para un año, siembra trigo. Si son para diez años planta un árbol, Si son para cien años, instruye al pueblo. Sembrando trigo una vez, cosecharás una vez. Plantando un árbol, cosecharás diez veces. Instruyendo al pueblo, cosecharás cien veces. Texto de Chuang Tzú.

No basta dar; hay que saber hacerlo para no fomentar la vagancia y la mendicidad. Algunos son pobres porque quieren. Esperan todo gratis, sin esfuerzo. Incluso exigen que se les regale.

Muchas ayudas hacen más mal que bien. Es mejor capacitar antes que dar limosnas. Conviene mejor apoyar las instituciones que educan, antes que dar cosas.

La belleza y la fealdad

Un día la belleza y la fealdad se encontraron en una playa y se dijeron: bañémonos en el mar. Entonces se quitaron la ropa y empezaron a nadar en las aguas. Pasado un rato la fealdad volvió a la playa y se vistió con la ropa de la belleza y se fue.

La belleza salió del mar, no encontró su ropa y para no andar desnuda se vistió con la ropa de la fealdad. Desde entonces, hasta hoy, hombres y mujeres se engañan a menudo y confunden a la una con la otra. Sin embargo, hay quienes han contemplado el rostro de la belleza y la reconocen pese a sus vestiduras. Y hay quienes conocen el rostro de la fealdad sin que sus ropas la oculten a sus ojos.

Hermosa historia de Jalil Gibrán en su libro *El Vagabundo*. Excelente como todos los suyos. Bien decía Saint-Exupéry: "lo esencial es invisible a los ojos, sólo se ve bien con el corazón".

Amar es perdonar

Jorge Washington aprendió desde muy joven a refrenar la ira y a cultivar la ecuanimidad.

Cuando aún no había cumplido 25 años tuvo una discusión con un tal Payne. En el altercado Washington dijo una frase en extremo ofensiva, a la que el otro respondió con un bofetón. Al día siguiente Washington fue a la casa de su adversario, que creyó iba a retarlo a un duelo, pero el futuro presidente le dijo: "Es natural en el hombre el error y mucho se honra quien lo enmienda. Aquí va mi mano y seamos amigos". Aceptó Payne la reconciliación y la amistad duró toda la vida.

Saber pedir perdón y saber perdonar es el camino para reconciliarse y vivir en paz. Pedir perdón en un distintivo de los seres humildes, perdonar es un noble gesto de las almas grandes. Es posible perdonar incluso a los asesinos, como lo hizo Juan Pablo II al dar un abrazo de paz a Ali Agca.

Las alas del servicio

*D*ecía Charles Dickens: "Nadie es inútil en el mundo mientras pueda aliviar la carga de sus semejantes. Cuando aligeras el peso de tu hermano haces menos oneroso el fardo de tu propia vida".

Está comprobado que somos felices si damos felicidad y que muchas penas se van a medida que servimos a los demás. Mitigar las necesidades ajenas suele ser un gran remedio para superar la amargura y vencer el tedio. No te sientas inútil ni siquiera en la senectud. Muchos necesitan de tu sonrisa, tu afabilidad, tu amor y tu alegría. En el tesoro de tu corazón hay aún mucho afecto por brindar y muchísimo amor por ofrecer. Su valor es infinito.

Muchos han cambiado su aburrimiento por motivación, con obras benéficas y de proyección social. Cuando consuelas al triste, acompañas al solitario o compartes con el pobre, tu alma rebosa paz y gozo. Sal del túnel del hastío con las alas del servicio.

Las 20 porcelanas

Un hombre muy rico poseía una valiosa colección de 20 porcelanas y un día una de sus siervas rompió una sin querer. El dueño furioso condenó a muerte a la esclava.

Se enteró un sabio y se presentó en el palacio. Dijo que poseía una mágica receta para dejar la porcelana como nueva y así salvar a la esclava. Pidió, para orientarse, ver toda la colección. Al entrar al aposento sucedió lo inesperado: dio un empujón a la banqueta que sostenía todas las porcelanas y éstas, al caer, se quebraron en mil pedazos.

Ante la cólera del dueño, el sabio exclamó con serenidad: con el tiempo otras 19 personas habrían muerto por las otras porcelanas. Quitadme la vida y quedad satisfecho. El magnate entendió la lección, perdonó a su sierva y pidió al sabio que se convirtiera en su consejero. Jalil Gibrán.

Creatividad

*D*ecía en cierta ocasión el músico Matislav Rostropovich: "Siempre lucho contra la rutina. Pienso que nadie debe tener un día igual a otro; perdería el sentimiento de ver cada día como un don divino".

La rutina es una plaga que carcome todo. Es el óxido de la vida y el amor. La monotonía mata el entusiasmo y nos hace convivir con un enemigo de la alegría: el tedio. Por eso borra la rutina con la creatividad. Sé amigo del cambio y adalid de la renovación. Haz lo mismo, pero con un toque novedoso. Cambia las rutas que transitas, vive experiencias desconocidas con tus seres amados.

Sin confundir infidelidad con novedad, deja la monotonía y un nuevo amanecer te llenará de felicidad. La vida no es aburrida, la haces aburrida con la rutina. Eres tú quien elige el tedio al no actuar con dinamismo y creatividad.

La lengua: lo mejor y lo peor

*E*sopo el fabulista sirvió en un tiempo a un tal Xanto. Este lo envió al mercado a comprar lo mejor. Esopo volvió trayendo solamente lengua. "¿Esto es lo mejor?" Preguntó Xanto. "Sin duda", dijo Esopo. "La lengua es el órgano de la verdad, del elogio, y permite a los hombres entenderse entre ellos".

Pasados algunos días su patrón pidió a Esopo que fuera al mercado y trajera lo peor que encontrara. Nuevamente el sirviente compró sólo lengua. "¿Esto es lo peor?". Preguntó Xanto extrañado y Esopo le dijo: "Nadie puede dudarlo. La lengua es el canal de la mentira, el chisme y las ofensas, el arma que usan los hombres para injuriarse".

Leemos en la Biblia: "Si alguno no cae hablando es un hombre perfecto, capaz de poner freno a todo su cuerpo. La lengua es un miembro pequeño, pero sirve para grandes cosas... De una misma boca proceden la bendición y la maldición". Santiago 3.

Salir de la indiferencia

*D*e Bertold Brecht es este mensaje "En Alemania persiguieron primero a los comunistas y no protesté porque no era comunista. Luego a los judíos y no protesté porque yo no era judío. A continuación a los sindicalistas. Seguí indiferente porque yo no era sindicalista.

Acto seguido hostigaron a los católicos. No hice nada porque yo tampoco era católico. Por último me persiguieron a mí y entonces ya no quedaba nadie que alzara la voz por mí". Muchos dicen con frescura: "No peco porque no le hago mal a nadie". Olvidan que es malo no hacer el bien. La indiferencia ante las injusticias es pecado. La apatía es complicidad con el mal.

No te contentes con no hacer el mal. Vive inquieto por hacer todo el bien que puedas. Que el dolor ajeno lo sientas como tuyo y el egoísmo no te frene para aligerar las cargas de los demás.

Dando, recibimos

*H*ay una anécdota respecto a Churchill y Alexander Fleming, el benefactor de la humanidad gracias a la penicilina.

Cuando los dos eran adolescentes, Fleming hacía un paseo en bote por un lago y cayó al agua. Desde otra embarcación próxima se lanzó a rescatarlo un joven muy resuelto que lo sacó del apuro. Este joven era el futuro primer ministro de Inglaterra, Winston Churchill. Ya adulto, Churchill se salvó de una grave enfermedad gracias a la penicilina descubierta por Fleming. Una buena acción que se pagó con otra a través del tiempo.

Se cumplió una ley espiritual: ¡Dando, recibimos! Si sabes dar amor recibirás amor. Si eres amigable tendrás amigos. Dá sin esperar interesadamente. Descubrirás con júbilo que percibirás más de lo que ofreciste.

Lección de amor

*E*n 1928 Eric Fenby, joven músico de Yorkshire, se enteró de que el compositor Federico Delius había quedado ciego y paralítico. Fenby fue a París decidido a ofrecer sus servicios a Delius, cuya mente seguía ágil y llena de inspiración.

Se dedicó a ser el secretario y ayudante del compositor y así empezó una colaboración única e increíble. Bellezas como la *Canción de Verano* nacieron de esta vivencia amistosa y rica en comprensión. Fenby se sentaba al piano mientras Delius permanecía recostado en su silla de ruedas. Cada vez que el compositor dictaba algo, Fenby lo tocaba y luego se hacían los retoques.

Así, un cerebro musical rico en ideas, fue reavivado gracias a la noble devoción de un generoso discípulo.

Qué fácil es separarse

*E*n la URSS, uno de cada tres matrimonios termina en divorcio. La cifra es de un millón de divorcios anualmente. El problema es mundial.

Ante el hecho se afirma: "Las personas tienen derecho a equivocarse". Es cierto. No obstante, urgen medidas eficaces para evitar las graves consecuencias de tantas equivocaciones. Conviene educar más para el amor y la responsabilidad y dar mucho apoyo a la familia. Hay errores imperdonables: miles y miles de hijos sin hogar. Ser hijo de padres separados es la moda. Del masoquismo de antaño se pasó al escapismo de hoy. No se lucha por una relación: ¡Es tan fácil separarse!

Antes se aguantaba todo, hoy hasta los familiares incitan al divorcio sin buscar un arreglo. Hay que madurar para el amor responsable. Así separarse será la excepción y no la regla, como sucede.

Terapia del humor

Cada día se valoran más el poder curativo de la risa y los efectos benéficos del buen humor. "La sonrisa, la risa y las carcajadas son un buen antídoto contra los males. La risa tiene una rica variedad de efectos fisiológicos y emocionales con aplicación clínica".

Afirmación del doctor Donald Black en un estudio publicado en la revista de la Asociación. Médica de EE.UU. Hay hospitales en los que la gente se cura pronto con la "Terapia del Humor". Consiste en el uso de libros, casetes, videos y demás material humorístico y gracioso.

No alcanzamos a medir el valor de la sonrisa espontánea. Es como brisa fresca en el desierto de la vida. La risa es bálsamo en el dolor y es melodía que tonifica el alma. Si eres sabio. ríe: *Ride si Sapis*. Marcial.

Los dos sabios

*H*istoria de Jalil Gibrán: "En la antigua ciudad de Afkar vivían dos sabios. Cada uno de ellos odiaba y despreciaba la sabiduría del otro. Los dos se encontraron un día en la plaza pública en medio de sus discípulos.

Comenzaron a disputar y a argumentar sobre la existencia o inexistencia de los dioses. Después de horas de discusión, se separaron. Aquella noche el incrédulo fue al templo y se postró ante el altar para implorar perdón por sus errores pasados. Y a la misma hora, el otro sabio, el defensor de los dioses, quemó sus libros sagrados porque había abrazado el ateísmo".

Un marxista checo, Ernst Bloch, estudioso de la religión, dice: ¡Para ser buen cristiano, primero hay que ser ateo! Algunos dicen: "Creo en todo", pero su fe vale poco. Otros dicen: "No creo", pero viven como creyentes. Valen las obras, no las afirmaciones.

Gotas de miel

*E*n la novela *El General en su Laberinto, de* Gabriel García Márquez, leemos "El General sabía poner una cucharadita de buenas maneras en el vinagre de sus desgracias políticas". Espléndido rasgo de sabiduría de Bolívar, ideal para la convivencia en la familia y la sociedad.

En el engranaje de la vida conviene poner con frecuencia gotas de aceite de amor y ternura. Nada mejor para esos toques de cariño que los detalles, la galantería, la sonrisa y la bondad. Dice la experiencia que se cazan más moscas con un dedal de miel que con un tonel de hiel. Las fallas no se hacen tan odiosas si en la balanza pesan mucho los gestos de amor. El cariño permite a las personas afables suavizar tensiones y lograr la reconciliación.

Bien decía Jesús: "Aprended de Mí que soy manso y dulce de corazón y hallaréis reposo para vuestras almas". Pon cucharaditas de buenas maneras en el acíbar de la vida.

Dios es amor

Una de las Santas más populares en Francia y muchos países es Santa Teresita del Niño Jesús. Joven monja carmelita que practicó el mensaje de Jesús de ser como los niños.

A los que aún ven a Dios como un juez severo y a los que predican una religión de temor les dice: "Esto pienso de la justicia de un Dios bondadoso: Toda mi senda es de confianza y amor. No comprendo a las almas que tienen miedo a un tan cariñoso amigo".

En ciertos grupos y sectas el miedo es el tema favorito. La gente se deja lavar el cerebro. Cada treinta años le cambian la fecha al fin del mundo y la masa traga entero. Con un terrorismo religioso tergiversan el apocalipsis, lo leen al pie de la letra y hablan más del diablo que de Dios. ¡Cuántas barbaridades se hacen en nombre de Dios!

Las dificultades: un privilegio

*F*eliz no es el que no tiene problemas, sino el que los convierte en retos para ser mejor y dar más, sin jugar a ser víctima. Sin problemas la vida no sería vida. Sería el reino del tedio y la abulia. Vivir es luchar.

Hay que dar gracias cada día por el descontento, porque nos mueve a usar los dones. Gracias a los problemas desarrollamos nuestros talentos, maduramos, somos creativos y valemos más. En la vida como, en el deporte, los obstáculos y las penalidades aumentan el mérito. Ningún alpinista sube en funicular a la cumbre, sino que afronta riesgos y dificultades.

Los niños que sufren en la vida son aquellos a los que se les hace muy cómoda la existencia con la sobreprotección. Bien decía Indira Gandhi: "Es un gran privilegio en la vida tener dificultades. Son las que forman. ¡Los sabios toman las dificultades como oportunidades!"

El amor de un mendigo

*L*a Madre Teresa de Calcuta cuenta con emoción lo que le pasó en Caracas con un pordiosero que le dijo: "Madre Teresa, a usted todo el mundo la quiere y le da algo. También yo le quiero dar algo, todo lo que tengo". Aquel día dicho mendigo no había recibido de limosna más que un bolívar y lo entregó diciendo: "¡Acéptelo, Madre, para sus pobres!"

"Sentí en mi corazón que me había dado más que en el Premio Nobel. Me ofreció todo lo que tenía. Si nadie le dio más, aquella noche aquel pobre se acostó sin comer". Si quieres que la justicia social sea el sol que alumbre un amanecer de paz, comparte con largueza. No se trata de dar lo que sobra, hay que ir más allá. Se deja de combatir si se sabe compartir.

Cuántos gastan en seguridad lo que no quisieron invertir en programas sociales. La paz es la justicia social. Dios está en el pobre y un día te dirá: "¡Tuve hambre y me diste de comer!"

Constancia

*N*ada hay en apariencia tan fuerte como la roca, nada en apariencia tan débil como el agua. No obstante, la frágil agua termina poco a poco horadando la dura roca. Grafito hallado en las Ruinas de Pompeya.

La estrella del éxito ilumina a los perseverantes. La inconstancia es un tobogán al foso del fracaso. Las grandes obras son el fruto del tesón y de esfuerzos pacientes. Sé constante y vencerás. Sé perseverante como el agua que convierte en polvo las rocas. Insiste una y otra vez sin claudicar.

Como tantos inventos, la máquina de vapor de Fulton se impuso después de muchos intentos fallidos. Gracias a la perseverancia de los hermanos Wright y otros pioneros, hoy podemos viajar en avión. Siembra con constancia y cosecharás con alegría.

Historia del ángel

San Pedro llamó a la portería a un ángel llamado Aleluya y lo envió a la Tierra con un encargo especial: hacer la lista de los egoístas, falsos y malgeniados.

A los dos meses el ángel llegó al cielo aleteando débilmente y cayó desfallecido junto a San Pedro.

-Jefe, le dijo, no se imagina la magnitud del trabajo. Necesito mucha ayuda, porque en el mundo abundan esa clase de personas.

-Imposible, contestó el santo, Estamos escasos de personal.

Aleluya tuvo una inspiración y dijo:

-¿Qué tal si hago mejor la lista de las personas amorosas, sinceras y amables?, es más fácil y se la tendría en una semana.

-Bien pensado, dijo San Pedro, siga adelante con la idea.

Volvió el ángel a la Tierra y según lo prometió regresó con la relación que fue enviada de inmediato al Señor. El mismo Dios redactó un mensaje precioso y lo envió con una misiva de felicitación a esas personas. ¿Sabe usted amable lector qué decía la carta?... ¿No sabe? ¡Ah! entonces fue que no la recibió.

Mercedes Sosa

Ala gran cantante Mercedes Sosa le preguntaron un día la fecha de su nacimiento y dijo: Nací el 9 de julio de 1935, pero pienso que en realidad no nací antes de 1957. Sí, porque hasta entonces no realicé nada en verdad positivo, fueron como años inútiles.

Como tantas personas exitosas, Mercedes Sosa tuvo que vencer muchas dificultades. "Mi niñez -confiesa- estuvo signada por la pobreza. Lo único que nos salvó de la miseria fue la unidad inquebrantable de la familia. ¡En mi vida supe del hambre y el sufrimiento!".

A cualquier edad podemos nacer de nuevo con lo que los maestros espirituales llaman una conversión. Un cambio arduo, pero posible con una voluntad firme, dedicación, deseo y apoyo de Dios y los demás. En especial con los valores familiares. La unidad de la familia es la riqueza que hay que cuidar. Vale más que el oro.

Cuatro preguntas

*U*n sicólogo norteamericano suele hacer cuatro preguntas a las personas y grupos que orienta.
1. ¿En qué sentido cambiaría su vida si supiera que le quedan sólo seis meses de vida?
2. ¿Si pudiera vivir con cualquier persona del mundo a quién elegiría?
3. ¿Qué haría usted si no existiese el dinero?
4. ¿Que tipo de personalidad elegiría si empezase ahora?

Si usted piensa despacio estas preguntas y las aplica a su vida ahora mismo, obtiene buenos frutos. Hay otro interrogante que también es muy útil: ¿Se sentiría usted igual de viejo si no conociera su edad? El hombre es lo que piensa y lo que hace o deja que hagan de su vida.

Se ilumina la existencia de aquel que toma las riendas de su vida y vive el hoy en plenitud. Es funesto culparse por el ayer, angustiarse por el futuro y aplazar la felicidad. Hay que vivir el ahora.

Maravillarse

*L*e preguntaron cierto día al escritor belga Robert Vivier si un poeta podía dejar de serlo, y dijo: "Se deja de ser poeta el día en que uno se acostumbra al mundo, o el día en que ya no nos interesa nada. La poesía necesita de la inquietud y la disconformidad, del amor y de la admiración".

No sólo para los poetas es lesivo acostumbrarse a todo. A todos nos perjudica la rutina. Igual daño nos causa perder la actitud de admiración, o el carecer de ideales. Es como andar sin rumbo. Cada mañana es un regalo para los que saben asombrarse una y otra vez ante tantas maravillas.

Admira la naturaleza, los inventos, el radio, el auto, la televisión, la computadora. Crea nuevos intereses para vivir motivado. Sé inquieto por aprender, crear y descubrir.
La admiración es un rasgo del amor y un sendero a la felicidad.

9 mensajes positivos

*L*os padres de familia educan mejor cuando repiten con frecuencia a sus hijos mensajes positivos. Así los impulsan a vivir mejor y a rendir al máximo con sus dones. Los motivan con el poder del elogio.

Es cierto que somos capaces de hacer todo aquello para lo que nos creen capaces los demás. Si los padres expresan el amor con los nueve mensajes que vamos a compartir lograrán grandes cosas. Son frases breves en palabras, pero ricas en fuerza y motivación:
Cuenta conmigo.
Confío en ti.
Mereces que te quiera.
Tendrás alegría y éxito en la vida.
Animo, nadie es perfecto.
Estoy orgulloso de ti.
Tienes derecho a disfrutar y a ser feliz.
Haré lo que pueda para que te sientas bien.
¡Te quiero!

Estos mensajes, cuando salen del corazón y se dicen con asiduidad, y con hechos, valen más que los regalos materiales. Hay que expresar cariño y cuidar el amor con detalles, diálogo y dedicación.

Libertad

*L*ibre no es quien hace lo que le da la gana; ése es esclavo de la gana. No hay libertad sin responsabilidad. Según Epicteto, ningún hombre es libre si no es dueño de sí mismo. El autocontrol evita el libertinaje.

Sé convivir si acepto que mi libertad termina donde comienza la de mi hermano. ¿Cuántos esclavos hay hoy en día? Millones. En especial del poder, del poseer y de los vicios. La cruel paradoja es que muchos, por hacer lo que quieren, acaban como esclavos de lo que no quieren. Cuando el amor te guía, cuando la verdad te acompaña y cuando eres responsable, tienes alas de libertad.

No hay libertad absoluta. Sin respeto a una recta escala de valores, no podemos ser libres. Usa con sabiduría tu poder de elección. Que nada ni nadie te esclavice. ¡Naciste para ser libre! Recuerda: "Mi libertad termina donde comienza la de mi hermano".

El mago Houdini

*E*l famoso mago Houdini era un hombre a quien no había seguro o candado que lo retuviera. Provocaba el delirio al liberarse de todo tipo de cadenas o torturas. Un verdadero fenómeno. Sin embargo, jamás pudo soltarse de sus complejos y sus aprensiones. Vivió ligado por sus temores.

Es triste que el ser humano trabaje más en lo exterior que en su interior. De ahí su infelicidad. Con meditación y relajación es posible aquietar el espíritu y alcanzar la paz interior. Por pena o autosuficiencia, pocos buscan ayuda para solucionar sus conflictos anímicos. Su vida es un caos, pero dicen: "No estoy loco, nadie le ayuda a uno, así soy yo..."

No hay magos del alma, pero con Dios, tu lucha y sabia orientación, puedes vivir más y mejor. Deja el orgullo y busca ayuda. Por tu bien y el de los que amas. Los vicios no te encadenan cuando amas y te amas.

Regalar un NO

*L*os buenos papás saben regalarle a sus hijos un NO siempre que es necesario. La pedagogía enseña que se crean más traumas por decir siempre sí que por educar con límites.

Van a sufrir y a hacer sufrir en la vida aquellos niños cuyos deseos nunca tienen barreras. Sin disciplina todo es un caos. Los límites frenan el egoísmo y nos hacen sociables. El hijo del emperador Marco Aurelio, llamado Cómodo, lloraba la muerte de un esclavo muy querido. A los cortesanos que trataban de consolar al jovencito, les dijo Marco Aurelio: "Dejadle sufrir porque el dolor educa. Dejad que mi hijo sea hombre antes de ser emperador".

A algunos padres les cuesta regalar un no a sus hijos y demasiado tarde lo lamentarán. Viene bien una cierta dosis personal de frustración.

Cabeza y corazón

*U*no de los más destacados poetas chinos, Li Po, era muy sentimental y romántico. En una travesía por el mar tuvo un arrebato poético y quiso besar la luna que se reflejaba en las aguas. Li Po cayó del bote al mar y se ahogó. Sabía mucho de versos, pero no sabía nadar.

¡Cuántos se ahogan en la vida por confundir el amor con el querer y el romanticismo! Les pintan pajaritos en el aire y se mueren por ser egoístas, viciosos o irresponsables. La distancia más larga para recorrer en el amor es ésta: abre la mano y señala una cuarta. Lleva el pulgar a la frente e inclina la cabeza hasta que puedas dejar el meñique sobre el corazón.

¿Cuántos piensan para amar? Los que saben decir: ¡Me gusta, pero no me conviene! Sé racional en el amor y ponle cabeza al corazón.

¡Corten... Corten!

*L*a escritora francesa Madame de Stael tuvo el siguiente diálogo con un vizconde, famoso por su maledicencia :

-¡Cuánto tiempo sin veros, señor Choiseul!

-Oh, señora, he estado seriamente enfermo.

-¿De qué enfermedad, si puede saberse?

-Un envenenamiento, madame.

-¡Ah, ya sé, seguramente os habéis mordido la lengua!

El chisme y la calumnia son un grave escollo en la convivencia. Te ennobleces si hablas bien de los ausentes. Tanto mal causa el murmurador como el que lo escucha. Ambos generan violencia y animadversión.

Cuando una filmación va mal el director dice: ¡Corten! y se mejora la escena. Buen sistema para erradicar el chisme. Haz tijeras con los dedos y di "Corten" cuando alguien quiera chismosear contigo o con otros. "Una lengua desenfrenada es la peor de las enfermedades".

162

Eres único

*D*ios no hace fotocopias ni personas en serie. Eres único. ¿Por qué te comparas con los demás? Acto nocivo que te llena de envidia si miras arriba y de orgullo si miras abajo.

¡Sé tú mismo! Aprende de los otros sin una imitación despersonalizante. Copiar a los demás es anular tu yo y tu vida. Amate a ti mismo para poder amar a los demás. Aprecia tus dones sin envidiar los ajenos. Recuerda: no eres más porque te alaben ni menos porque te vituperen. Eres lo que eres. Si te crees menos es porque menosprecias tus talentos; si te crees más, exageras tus aptitudes.

No eres más ni menos que nadie. Cada cual recibió un capital para ser feliz. Fructifica con tu tesoro. Rinde con uno sólo de tus dones y te irá bien. No usamos ni el 10% de los talentos.

Justicia social

*M*atemáticas del amor según el escritor nadaísta Gonzalo Arango: "El odio divide y resta, el amor suma y multiplica".

El egoísmo y la tacañería privan a muchos de la felicidad que nace de dar sin interés. Dicen que avaro es el que se empeña en vivir pobre para morir rico. Los herederos de un hombre avaro colocaron este epitafio en su tumba "Sumó, multiplicó, pero nunca restó. Sus parientes, agradecidos, dividieron".

Si las personas y las empresas no hacen más justicia social jamás se irá el fantasma de la violencia. Es injusto que se privaticen las ganancias y se socialicen las pérdidas. Son violentos los que derrochan y los que se roban el dinero del pueblo. Subversivos con corbata. Son asesinos de la gente que muere por hambre, por mala salubridad y falta de oportunidades.

¡Animo, joven!

Joven, con tu energía deja el mundo mejor de lo que lo encontraste. Vive para dar, no sólo para recibir. Sé más exigente contigo mismo que con los demás. La gran revolución es la que hagas dentro de ti mismo. Si amas la libertad pero careces de responsabilidad, te enredas en el libertinaje y te haces esclavo. ¡Sé tú mismo!

No permitas que la sociedad de consumo te imponga ídolos superficiales. Protesta contra la injusticia con obras sociales, no con la crítica fácil. Siembra la paz con la justicia. Joven, sé paciente contigo mismo y con los otros: los cambios piden tiempo. El perfeccionismo tensiona. No juegues con el amor.

Vive ese don con sinceridad, respeto, desinterés y responsabilidad. Vive una fe alegre, dinámica y renovada. Un joven llamado Jesús cuenta contigo y quiere ser tu amigo. La felicidad no te será esquiva si te afanas por ser más y no tanto por tener más.

In God we trust

In God we trust, en Dios confiamos, es el mensaje central que se lee en un billete de dólar. Pero en una sociedad del tener, cuyo ídolo es el dinero, el lema no es en verdad religioso. Hoy se confía en la riqueza material. Habría que decir: *In Gold we trust*, confiamos en el oro.

Volvamos a Dios como centro de la vida y apreciemos los valores espirituales más que los monetarios. Como decía un campesino: "¡La mortaja no tiene bolsillos!" Al morir no nos llevamos las posesiones. "Las cadenas de oro son mucho peores que las de hierro", decía Gandhi. No vendas tu libertad por dinero.

Digamos como Temístocles: "Prefiero a un hombre sin dinero que a un dinero sin hombre". Rico no es el que posee mucho, sino quien comparte. Pobre no es quien tiene poco, sino quien mucho ambiciona. Está en crisis este mundo que dice: *¡In Gold we trust!*

Vuelve a empezar

Según Confucio, nuestra gloria más grande no está en no caer, sino en recuperarnos cada vez que fracasamos. Los grandes hombres superaron muchos obstáculos para alcanzar el éxito.

Un buen ejemplo es el de Dante, desterrado de su amada Florencia con la amenaza de ser quemado vivo si volvía. "He andado errante y vagabundo como un mendigo. Como nave sin velas ni timón. Me he visto llevado de puerto en puerto, de playa en playa, por el árido viento que exhala la dolorosa pobreza". Si lees la vida de los prohombres aprenderás de ellos a superarte y a vencer el desánimo.

No te dejes derrotar por el desaliento. El pesimista está vencido antes del combate. Vuelve a empezar y sigue adelante con decisión. Los descalabros educan más que los triunfos. ¡Avanza resuelto y crécete ante el fracaso!

Servir es iluminar

"*D*e Tagore este bello pensamiento: "Yo dormía y soñaba que la vida era alegría. Desperté y vi que la vida era servicio. Serví y vi que el servicio era alegría".

Vive para servir con los dones y tu vida se llenará de plenitud. El servicio engrandece y alegra. Puedes hacerte mucho bien haciendo el bien. El servicio te libera de la ciénaga del egoísmo. Haz tuyo el credo de Mahatma Gandhi: "Humildemente me esforzaré en amar, decir la verdad, ser honrado y puro. En no poseer nada innecesario, en ganarme la vida con el trabajo. En vigilar lo que como y bebo. En no tener jamás miedo y respetar las creencias de los demás. En buscar siempre lo mejor para los demás, en ser un hermano para todos los hombres, mis hermanos."

Tú eres luz del mundo cuando puedes decir como Jesús: ¡No he venido a ser servido, sino a servir!

Riqueza espiritual

"Quizás la Grandeza de un oficio consista, más que nada, en unir a los hombres. Sólo existe un lujo verdadero y es el de las relaciones humanas.

Si trabajamos únicamente por conseguir bienes materiales construimos nuestra propia prisión. Nos encerramos solitarios con nuestra provisión de ceniza que no nos da nada que merezca ser vivido. Busco entre mis recuerdos, los que me han dejado un sabor duradero y hago balance de mis mejores horas. Siempre me encuentro con aquellas que no me han proporcionado ninguna riqueza material". A. De Saint Exupéry.

Hay personas tan pobres que lo único que tienen es dinero. No tienen cosas porque las cosas los tienen a ellos. Tú disfrutas la mejor riqueza si cuentas con buenos amigos, tienes paz interior y valores humanos. Sé más feliz cada día dando felicidad. Vive para unir, no para dividir. Verás que al dar se recibe.

Buen humor

*E*l buen humor es la clave para suavizar tensiones y mejorar las relaciones. La gracia y el ingenio acortan el camino para la reconciliación y disipan las contrariedades.

Si eres festivo y divertido te entiendes mejor con los demás y cancelas la agresividad. Un señor cuenta que su esposa suele dejarle recados y detalles con esta firma "Con cariño, tu esposa". Una noche, relata él, tuvimos una fuerte discusión y nos fuimos a acostar muy enojados. A la mañana siguiente, encontré una nota junto a la taza de café; se trataba de un comentario sobre nuestra pelea.

La nota final había cambiado y decía: "Parienta lejana". Eso no arregló el problema, pero ese detalle de buen humor abrió el camino para que empezáramos a salir del mutismo.

Dignidad humana

S i el mundo tuviera mil habitantes, 700 serían analfabetos y 60 serían ricos. 140 vivirían en América, 210 vivirían en Europa, 85 vivirían en Africa y 565 en Asia y Oceanía.

Del total de los ingresos, la mitad sería sólo para 340 personas y el resto para 660. Los medios de comunicación escritos serían sólo para 300 y también serían 300 los cristianos. Si el mundo tuviera mil habitantes, 500 vivirían hambrientos. Gozamos hoy de más libertad, igualdad y fraternidad que hace 200 años cuando la revolución francesa. Sin embargo, aún nos queda mucho por hacer en cuanto al respeto por los derechos humanos.

Surgen hombres nuevos en una nueva sociedad cuando nos valoramos y tratamos de tú a tú como personas. El otro no es un objeto sino un hermano, un ser con una dignidad. Lucha por la dignidad humana y sé justo para que reine la paz.

Aprender a confiar

*T*u horizonte se recorta cuando dices: "No confío en nadie." Es muy pobre la vida del desconfiado. No confíes en alguien sin conocerlo bien y busca reciprocidad en la confianza que ofreces. Así no abusarán de tus confidencias.

Piensa lo mejor de los otros hasta que te demuestren lo contrario. La desconfianza te aisla y te impide disfrutar la riqueza humana de tantas personas. Decía Golda Meir: "De la gente nunca espero lo peor; en resumen, no soy desconfiada. En mi larga vida he visto tanto mal... ¡Pero en compensación he visto tanto bien, tanto bien... tanto! Si con el recuerdo examino a los muchos seres que he conocido, hay pocos a los que pueda juzgar de modo completamente negativo".

Bello testimonio de confianza de alguien que vivió la guerra, la violencia y sufrió la maldad. Refuerza la fe en los demás y aprende a confiar.

Aloha

Aloha es un término propio de los habitantes de Hawai, difícil de traducir al español. Indica una actitud mental de solidaridad y de genuino interés por los demás.

Un hábito noble de los primitivos hawaianos en sus relaciones con propios y extraños. Lo vivían con la práctica de dos ideales: interesarse por los demás y por sus derechos; compartir esos derechos y respetarlos. El *Leí* o collar de flores es un símbolo de esa actitud amistosa y fraterna en "Las islas de la Bienvenida". Es el nombre que se da a Hawai.

Hagamos de todo ambiente el lugar de la bienvenida. Nos llenamos de *aloha*, es decir, de cortesía, amabilidad y amor por todos, incluidos los extraños. El secreto es hacer a los demás el bien que queremos para nosotros.

173

Existir es cambiar

*E*l filósoro Francés Henri Bergson, Nobel en 1927, era un gran amigo del cambio como sendero de renovación. Existir es cambiar, afirmaba. Cambiar es madurar y madurar es crearse a sí mismo indefinidamente.

Cerrarse a la renovación es darle la espalda a la vida. Una parálisis mental para una existencia gris y anquilosada. Educar para el cambio exige motivar a la creatividad y propiciar un clima de apertura y liberación. No hay peor senilidad que la de aquellos que se marginan de todo por decir no al cambio. Los seres creativos jamás se enredan en la telaraña de una vida cerrada a lo nuevo. Viven mejor quienes recrean a diario lo bueno del pasado y saludan gozosos lo bueno del porvenir.

El mundo cambia cuando cambiamos nosotros, cuando maduramos con nuevas metas para ser mejores y avanzar. Quien cree que ya llegó y no se recrea indefinidamente, se entierra en vida, amargado y resentido.

Instrumentos de paz

*U*n poco de agua sucia no enturbia un río cristalino. Una minoría sin ética no puede acabar con un país. Venzamos la apatía para aclarar el horizonte y alumbrar un amanecer de paz, con el concurso de todos.

Somos más los amigos de la paz que los aventureros de violencia. Necesitamos buenas acciones y menos palabrería. Ser protagonistas de buenas noticias y no espectadores pasivos de lo aciago. Seamos instrumentos de paz. Saldremos del túnel si el país nos duele y sentimos como nuestro el dolor de tantos que sufren. La patria nos llama a una convivencia fraterna, a la defensa de los valores espirituales y de la familia.

Pasemos de la crítica fácil a la acción constructiva para olvidar una pesadilla que alarga la indiferencia. El letargo generalizado es tan pernicioso como la inmoralidad de unos pocos.

4 pasos para orar

*L*a oración es la respiración del alma. Una experiencia de Dios en la vida y en lo íntimo del ser. Si nos transforma está bien hecha. No es sólo para pedir, sino para amar y para un cambio positivo.

Exige cuatro pasos. El primero es el perdón que se pide y se da. Ese perdón doble brinda paz al corazón. Un segundo paso es la gratitud, que nos torna positivos y menos inconformes. Dar gracias trae esperanza y gozo. En tercer lugar viene la alabanza: elogiar las cualidades y lo bueno de Dios y los demás. Así crece el amor. Finalmente está la súplica confiada. Orar por los otros para que la plegaria no sea egoísta.

No se trata de hablar mucho, sino de amar mucho y de disponerse a conocer y hacer la voluntad de Dios. La buena oración pide silencio y soledad. Brota más del corazón que de los labios. Es un diálogo amigable.

Amarse a sí mismo

*D*ice una canción que "Amar es entregarse, olvidándose de sí". Peligrosa creencia. Sería un amor mal entendido y frustrante. Quién no se ama a sí mismo difícilmente puede amar a los demás, pues asume un papel de víctima o de mártir.

Actitud común en mamás que no cortan el cordón umbilical afectivo que las une a sus hijos ya mayores. Mamás que se olvidan de sí mismas, de su descanso y sus gustos, y se tornan egoístas y posesivas. Las mamás deben amarse y enseñar a los hijos a valerse por sí mismos sin utilizarlas a ellas como seres indispensables. En las relaciones, a más dependencia más sufrimientos y a más libertad más paz y alegría.

Cuando una mamá se ama a sí misma, se distrae, cultiva sus amistades y deja las quejas. Una madre víctima educa hijos dependientes que también son víctimas. La buena madre se ama para poder amar.

Amor de madre

*E*l amor de una buena madre, es generoso, sin concesiones a la mezquindad. Con una comprensión ilimitada. Ejemplar en el perdón. Un amor pródigo que sabe dar y darse.

El amor de las buenas madres brilla por su desinterés y no tiene horario ni fecha en el calendario. Es un amor respetuoso: deja al hijo ser él mismo sin dependencias despersonalizantes y sin posesividad. La buena mamá se quiere a sí misma, sabe ser feliz y no se hace indispensable. Vive y deja vivir. La mamá buena no hace el papel de víctima, no busca que la compadezcan y no sabe de chantajes. Con su ternura y sus desvelos nos enseña a amar de verdad, a luchar sin tregua y a no perder la esperanza.

Hay hijos ingratos que olvidan tanta entrega y tantos cuidados. De la ingratitud nace la culpa, y la culpa puede ser un lastre intolerable en sus conciencias.

Como se vive, se muere

*P*edro Vannucci, conocido como Perugino, es uno de los grandes pintores de la Edad Media, maestro de Rafael. Nos dejó un gran número de cuadros religiosos caracterizados por su gracia y armonía.

Contra el parecer de muchos, creía que la salvación depende de la vida que se lleva y no de una confesión antes de morir. Decidió no recurrir a la confesión a punto de morir si veía que lo iba a hacer movido por el miedo. Pensaba que obrar así era un insulto a Dios, y cuando su mujer le preguntó si no temía morir sin confesión, él dijo: "Míralo de este modo, querida: mi profesión es la de pintor, y creo que me he destacado como tal. La profesión de Dios consiste en perdonar, porque El es pura misericordia. Si El es tan bueno en su profesión como yo en la mía, no veo razón alguna para tener miedo".

Ya desde esta vida, cada cual crea para sí el cielo con el amor o el infierno con el odio. Ya estamos salvados o condenados.

Historia de la anciana

Se afirmaba en la aldea que una anciana tenía apariciones divinas, y el sacerdote quería pruebas de la autenticidad de las mismas. La próxima vez que Dios se te aparezca, dijo, pídele que te revele mis pecados que sólo El conoce. Será una prueba suficiente.

La mujer regresó un mes más tarde, y el padre le preguntó si se le había vuelto a aparecer Dios. La anciana respondió que sí y él añadió: "¿Le pediste lo que te ordené?" "Sí lo hice", dijo ella. Y él le preguntó: "¿Y qué te dijo El?". Y ella repuso: "Me dijo: díle al cura que he olvidado sus pecados.

Buena historia para pensar qué idea tenemos nosotros del perdón. Que el nuestro sea total como el divino y no condicionado. Una de las frases más bellas de la Biblia dice: "Dios es misericordioso y no lleva cuentas del mal". El perdón afianza las relaciones y nos libera.

Estamos de paso

*E*n el siglo pasado un turista visitó al famoso rabino polaco Hofetz Chaim. Se quedó asombrado al ver que la casa del rabino consistía sencillamente en una habitación atestada de libros. El único mobiliario lo constituían una mesa y una banqueta.

-Rabino, ¿dónde están tus muebles?, preguntó el turista. ¿Dónde están los tuyos? Replicó Hofetz.
-¿Los míos?, pero si yo sólo soy un visitante... estoy aquí de paso.
-Lo mismo que yo, dijo el sabio rabino. El desapego es una cualidad de los que saben que estamos acá de paso y son libres sin aferrarse a las cosas. Si aprecias más la riqueza interior que la exterior vives sencillamente y vives profundamente. Somos peregrinos y avanzamos mucho cuando caminamos ligeros de equipaje.

Detalles

*L*a naturaleza nos permite asombrarnos con la grandeza de lo pequeño. El diminuto colibrí realiza vuelos de 2.000 Km. en tierra y 800 sobre el agua. Puede aletear 100 veces por segundo. Es la única ave de vuelo estacionario o detenido. Lo que imita el helicóptero.

La pequeña hormiga puede levantar 50 veces su peso. Como si un hombre de 70 kilos alzara en vilo 3.500 kilos. Piensa en esto y valora en la vida los detalles: una sonrisa, un gesto amable, una palabra cariñosa. Evita, por lo mismo, los actos de egoísmo, los caprichos y los detalles odiosos. Hacen más daño de lo que crees.

No es la roca que te encuentras delante, sino la piedrecilla que llevas en el zapato, la que te frena al caminar. Creces en sabiduría cuando le das un inmenso valor a los detalles luminosos o a los sombríos.

Vida interior

*L*a relajación sana cada día más adeptos y su fuerza benéfica trae paz a muchas vidas. Con métodos serios, su práctica constante aleja tensiones, disminuye el estrés y previene problemas.

Tendrás mejores relaciones si buscas con frecuencia momentos de calma e interiorización. En un lugar tranquilo cierras tus ojos con suavidad, respiras profundamente y te relajas de cabeza a pies. Escuchas melodías apacibles de Bach, Haendel o Vivaldi, visualizas hermosos paisajes y piensas en lo positivo. Aprovecha también para orar y sentir la presencia de Dios en ti. Así El te llena de paz y de su amor.

Tiempo tienes si dedicas a estos momentos de riqueza espiritual los minutos que gastas en actos superficiales o nocivos. Sé una y otra vez el descubridor de tu mundo interior. De este modo ganas sosiego en un mundo de vértigo y acelere.

Saber perder

*P*ara ganar en la vida hay que saber perder. El éxito no es el fruto instantáneo de artes mágicas o del destino. Los triunfadores saben del fracaso y sacan lecciones de sus derrotas.

Todo campeón ha sido buen perdedor. Saber perder es insistir, persistir y nunca desistir. Seguir luchando aunque la victoria sea esquiva. Saber perder es analizar serenamente el fracaso para corregir errores y potenciar las cualidades. En la historia de todo invento hay centenares y hasta miles de intentos fallidos.

También en el amor sólo vencen los buenos perdedores: aquellos que se unen más en la adversidad. Acepta, pues, los reveses como fuente de perfeccionamiento, como retos para mejorar y no cejar en la lucha. Según Napoleón "La victoria es del más perseverante".

Apertura

*L*a apertura de mente y de corazón te libera de límites imaginarios erigidos por el temor, la apatía o la poquedad. Amplía el panorama de tu vida. El mundo es inmensamente rico en posibilidades y en oportunidades.

Muchos arrastran una existencia gris y recortada por no abrirse al cambio y a nuevas experiencias. Busca nuevos intereses en el arte, la ciencia, la fe, la cultura y las relaciones. Motivarse por algo distinto es encender luceros en un cielo oscuro. Así la vida es menos tediosa y sombría. Toma el vivir como una aventura rica en sorpresas y maravillas. Evita la cerrazón de tu mente y de tu corazón.

Ensancha tu vida sin actitudes frenadoras como el dogmatismo, los temores, el fanatismo, la pereza, los partidismos. La persona cerrada se apega al pasado, se aisla y se fosiliza. La persona abierta vibra con el entusiasmo.

El amor no acaba

No es raro escuchar frases como éstas: "Se casaron y se les acabó el amor", "El amor dura más sin matrimonio". Lo que puede acabar con el amor no es la boda, sino la falsa seguridad que algunos ponen en ella.

El "sí" conyugal no es una tarjeta de seguros. Nadie es de uno para siempre. Si no hay una diaria conquista, la rutina y la falta de interés arruinan la más fuerte relación. Algunos que se unen sin compromisos formales pueden ser más felices que los mal casados, pero no que los que viven un buen matrimonio. Es injusto comparar un mal matrimonio con esa buena "convivencia" de pareja, que defienden los machistas.

Hogar viene de hoguera: fuego que si se alimenta a diario, da luz y calor. Sólo se extingue si lo descuidamos. El amor no se acaba, lo acaban algunos. Aviva el fuego del amor. Vuelve a tu amor del principio, dice la Biblia. ¡Que tu amor renazca con el sol de cada alborada!

Morir antes de tiempo

*U*n señor se mata por conducir borracho, un fumador empedernido muere de cáncer pulmonar. Alguien que no cuida su dieta y su actividad muere de infarto. Miles mueren en accidentes y catástrofes prevenibles. En todos estos casos se dice: "Hágase la voluntad de Dios", cuando en realidad se hizo la voluntad humana.

Con razón algunos son incrédulos al ver cómo los malos creyentes justifican todo acudiendo a Dios. ¿Cuándo dejaremos de buscarle excusas a nuestra irresponsabilidad y al mal uso que hacemos de la libertad? ¡Aprendamos a elegir! Somos los artífices de nuestro destino. Todos aceleramos la muerte con mala alimentación, tensión, falta de ejercicio y mente negativa. Es cierto que nadie muere la víspera: morimos meses y hasta años antes de tiempo.

Muchos tienen una mala muerte por gozar de lo que llaman una "Buena Vida". Se suicidan lentamente. Cuán acertado estuvo el químico Antonio Lavoisier al afirmar: "¡El hombre no muere, se mata!"

187

Ejemplo del salpicón

*D*estierra de tu vida la soberbia y fomenta la sencillez. El orgullo aleja y la humildad une. Aprende la lección del salpicón.

Para hacerlo se toma una variedad de frutas. Las grandes se pican en pequeños trozos. Las uvas y cerezas, de tamaño reducido, se dejan como están. Así sucede en la existencia: al autosuficiente lo pican con la crítica y el rechazo. Pero si te haces pequeño te aceptan en todas partes con afabilidad. La sencillez granjea amigos por doquier. El que se ensalza será humillado y el que se humilla será ensalzado, afirmaba Jesús, modelo de humildad.

Las personas orgullosas son como los globos, que mientras más suben más chiquitos se ven. "Dios detesta los imperios y ama las florecillas", decía Tagore. La sencillez es llave maestra para entrar en los corazones. La humildad te engrandece, la altivez te rebaja.

Amar la naturaleza

Quizás vendría bien una nueva edición de los Diez Mandamientos, corregida y aumentada. Cambiar el noveno en su formulación machista y que acepta la esclavitud; la mujer al nivel del buey y el asno. Incluir nuevos preceptos como el de cuidar la naturaleza, no contaminar, proteger la flora y la fauna. Sin conciencia ecológica sólo dejamos aridez y desolación.

El desafío urgente es amar nuestro mundo. Jesucristo fue un enamorado de la naturaleza. Su mensaje valora el agua, las semillas, las ovejas, los peces. Aseguras el futuro del cosmos si lo amas y hablas de la hermana tierra, la hermana ave o el hermano sol, como lo hacía Francisco de Asís.

Aprende de los indígenas que quieren a la tierra como a "La Gran Madre". Toman lo necesario, no lo superfluo. Es incierto el porvenir de una sociedad que llama progreso a la destrucción y consume sin medida. Hay un nuevo mandamiento: Amar la naturaleza.

Sentido crítico

*L*a duda bien manejada es más útil que la credulidad ciega. Sólo eliges bien si sabes cuestionar. Abusan de ti y yerras cuando no dudas de nada y tragas entero. Jamás alimentes una fe ingenua.

Practica algo similar a la "Duda Metódica" de Descartes y así le das solidez a tu credo. Busca el justo medio entre los que creen todo y los que dudan de todo. Afianza la fe con el raciocinio y la acción constante. También el amor es un acto de fe en el que muchos fracasan por hipotecar la inteligencia.

Al amar evita la desconfianza, pero también una credulidad total. Esta da alas a la infidelidad, como ocurre con los celos. "Para ser un verdadero investigador de la verdad, es necesario, al menos una vez en la vida, dudar de todo". Descartes. Ejercita el sentido crítico. Así te ves libre de falsas creencias y abusos. Es bueno saber dudar.

Cómo leer la Biblia

*N*o reduzcas a Dios a la letra textual de un escrito sagrado, Torá, Biblia, Corán, Vedas, etc., limitados por su época y su ambiente. Por el fanatismo religioso las divisiones son un escándalo de los que se dicen creyentes. La letra mata y el espíritu vivifica.

Cuentan que a alguien, amigo de leer la Biblia al azar para aplicar estrictamente el mensaje, le sucedió lo siguiente: abrió la Biblia y leyó: "Judas fue y se ahorcó". Temeroso pidió a Dios una segunda oportunidad y le salió: "Vete y haz tú lo mismo". Insistió por última vez y leyó: "Lo que vas a hacer hazlo pronto". Es bueno que leas los textos sagrados, pero con una buena guía y sin huir de la realidad actual con misticismos ingenuos.

Es mejor no leer un libro sagrado que leerlo mal. Ve uno gente culta que hipoteca su mente en sectas y grupos que manipulan la fe de la gente. Una fe sin compromiso social es droga espiritual. Una religión sin iglesia es irreal. Casi siempre un negocio con oración y Biblia.

La mejor herencia

Según Cicerón. "Lo mejor que un padre puede dejar a sus hijos es el ejemplo de sus virtudes y la herencia de sus bellas acciones". Es un testamento espiritual más útil que los bienes materiales. Un tesoro de buenas obras, sabias enseñanzas, fe y amor.

Acaso nos hace falta una "bolsa de valores espirituales y morales". Que se hable de la baja de las buenas acciones. Que descubramos que en la raíz de la caída de los valores financieros está el colapso de los valores humanos y de la ética. En los hogares hay hijos que saben manejar una chequera, pero no saben manejar la Biblia. Saben más de la Barbie o el Nintendo que de Dios.

Demos a los hijos dones más valiosos que el calzado de moda; tengamos para ellos lo mejor de lo mejor: virtudes y bellas acciones. ¡Una herencia sin precio! Si les dejamos buenas acciones en el banco del espíritu, nunca serán pobres. Es triste ver hijos ricos en dinero pero pobres en fe y en amor.

Por amor

*D*errotas el desaliento y rejuveneces con energía interior al trabajar por fines más altos que el lucro y la obligación. Haz de tu labor una vocación de servicio. Ennoblece tu trabajo con el ideal de forjar un mundo mejor.

El amor da sentido a todos los actos y los eleva con un sello de infinito. Cuando haces todo por amor anticipas el cielo para ti. "Cuando me enfrento a un cuadro siento que miles, que millones de gentes que padecen angustia y hambre, y van en busca de algo, son las que mueven mi pincel. Ellas están detrás de mí pintando. Creo que cuando muera estaré lamentando no haber dedicado más tiempo a la pintura. El arte es algo continuo, interminable, la vida se le queda demasiado corta". Confesión del pintor Oswaldo Guayasamin.

Si sientes el dolor de muchos y trabajas para buscar soluciones, aún la labor más extenuante te traerá paz y alegría.

El farol de Diógenes

Se cuenta del filósofo cínico Diógenes que recorría las calles de Atenas con un farol en las manos. Acercaba el farol al rostro de los transeúntes y los observaba con inusitado interés. ¿Qué buscas?, le preguntaban extrañados. ¡Un hombre!, respondía, y proseguía su desconcertante búsqueda.

Diógenes ansiaba ver almas más que cuerpos. El hombre en su real dimensión: honesto, bueno, recto, íntegro. Eres hombre cuando el amor dignifica tus actos y la honradez los avala; cuando tu conciencia no tiene precio. Eres hombre cuando vives en paz con Dios y con los demás, rico en buenas obras y en sensibilidad social. Te humanizan las acciones de justicia y amor auténtico, la bondad y una fe viva y operante.

"Siempre vuelvo de la oración más hombre", decía Pasteur. Sé un hombre, no un títere de las pasiones, una máscara sin personalidad, un título, un maniquí o una veleta. Conócete a ti mismo y vive para amar y servir.

La vida es maravillosa

*E*l gran escritor inglés Gilbert Chesterton fue consciente toda su vida de lo maravilloso de los objetos triviales. Escribió ensayos sobre el fuego, un pedazo de tiza y hasta las harinas que encontraba en sus bolsillos. Podía mirar un objeto común y descubrir en él posibilidades que nadie habría imaginado.

Disfrutó la vida al activar siempre la capacidad de asombro propia de los niños. Aviva tú también la facultad de la admiración y te deleitarás con alegrías insospechadas. Imagina que por el túnel del tiempo llegas de siglos pretéritos y tantos logros e inventos te pasman y maravillan. Esos mismos objetos o elementos que nos acostumbramos a usar, desde un lápiz hasta un computador.

Valoras todo lo que te rodea si nunca dejas de sorprenderte ante lo grandioso y lo elemental. Para los niños el universo es maravilloso porque de todo se maravillan.

Tolerancia

*E*xistió hace muchísimos años un extraño país cuya población estaba conformada sólo por gigantes y por enanos. Los gigantes se encogían para que los pigmeos no se sintieran fuera de lugar ni acomplejados. Los enanos se erguían al andar para no abochornar a los colosos y hacerlos sentir más cómodos.

¿No está ahí el secreto de la vida? Sí, convivir en armonía con esa delicadeza que nace de la comprensión. Tener la habilidad para meternos dentro de la cabeza de los otros y exclamar. ¡Ah! ¿Entonces es así como vosotros lo veis?. Haz tuyas las razones de los otros y ponte en su lugar; romperás las distancias y nacerá la fraternidad. Esto supone proscribir la autosuficiencia, bajarse del pedestal, no creerse dueño de la verdad y ser sencillo.

Aprende a valorar los motivos ajenos y serás lazo de unión con una exigencia de la convivencia pacífica: la tolerancia.

Un solo corazón

*E*l ilustre parlamentario francés Arstides Briand visitaba en una ocasión una exposición de arte. Se detuvo ante un cuadro que representaba a dos mujeres abrazadas. "Es una alegoría, excelencia", le explicó el pintor: "Representa a la justicia dando un abrazo a la paz". "Es natural", contestó el ministro: "¡Las pobrecitas se encuentran tan pocas veces!"

Sin justicia social no hay paz. El reto para todos es compartir, no derrochar y desterrar la miseria. Sin justicia social la religión es un culto vacío y la política una tienda de ilusiones.

Ser justos no es dar limosna de lo que nos sobra, es vivir la comunidad de bienes de los primeros cristianos: "Todos los creyentes vivían unidos y tenían todo en común; vendían sus posesiones y sus bienes. Repartían el precio entre todos según la necesidad de cada uno. Tenían un solo corazón y una sola alma. Nadie llamaba suyos a sus bienes, sino que todo era común entre ellos".

La fe de un médico

*T*estimonio de un gran neurocirujano: el doctor Robert White, catedrático en la Universidad de Cleveland y director de su hospital:

"Para mí la práctica de la medicina y la fe religiosa están indisolublemente ligadas. Oro mucho, sobre todo antes de efectuar una operación y después de terminarla. Al hacerlo me siento apoyado por inagotables recursos que necesito y deseo. Es preciso suponer un intelecto superior-creador para explicar la singularidad e individualidad del ser humano. Por mucho que lleguemos a saber del cerebro, jamás explicaremos satisfactoriamente el espíritu.

Para mí resulta imposible dejar de creer que en el principio hubo una inteligencia autora de tal maravilla. El cerebro es algo sagrado y al morir, las potentes entidades que contiene no dejan sin más de existir. La inteligencia, la personalidad, la memoria sólo escapan para hallar sustrato en otra dimensión, en otra vida". ¿Cómo está tu vida de oración?

Ojo con el perfeccionismo

*E*n la vida busca buenos resultados, pero no la perfección de una manera obsesiva, o rendirás muy poco. Una siquiatra estudió a los 69 mejores vendedores de una importante compañía aseguradora. Descubrió que los que presentaban tendencias perfeccionistas ganaban entre 8.000 y 10.000 dólares menos que los demás. Además, vivían tensionados y en conflicto con los otros. Incapaces de aceptar errores propios y ajenos.

El triunfador no considera sus fallas como fracasos; más bien saca de ellas una lección para mejorar. La persona exitosa se interesa mucho por superarse a sí misma y no por vencer a sus colegas o contrincantes. El afán por derrotar a los demás basta muchas veces para hundirse uno mismo. Así fracasan los envidiosos.

Saborea el éxito quien sabe trabajar en equipo, delega actividades y no lucha en solitario. ¡Vives mejor si te aceptas y aceptas a los demás!

Dar lo mejor

Durante sus últimos años de vida, Colette, la novelista francesa, vivió semi inválida, recostada en su cama. Allí acogía sonriente a sus amistades, bien arreglada, como si estuviera lista para salir, sin quejas ni amargura.

Un día recibió la visita del escritor Truman Capote, entonces muy joven. Durante la charla le mostró su valiosa colección de antiguos pisapapeles de cristal. De entre los más finos levantó uno de baccarat que mostraba una rosa en su centro. Era el que más quería.

Cuando terminó la visita, ella cogió aquella rara pieza con la flor aprisionada en el cristal y se la regaló. Pero no, la rechazó él; si es la que usted prefiere. Por eso mismo, amigo mío, repuso con afabilidad Colette: ¡No tiene sentido regalar algo a menos que uno lo quiera!

Reciclaje

*D*aniel el travieso ha sido una de las tiras cómicas más populares y más vendidas en el mundo. Hank Ketchan, su creador, estaba desempleado y falto de inspiración, buscando una salida a su situación.

Un buen día se le ocurrió plasmar en sus dibujos las diabluras de su hijo Daniel, que era inquieto e insoportable. Todo salió bien y Hank ganó tanto dinero que se hizo millonario. Su hijo Daniel es hoy un próspero industrial. En la vida hay muchos casos como éste en el que las personas luchadoras sacan bienes de los males. Si no te dejas atenazar por el desespero, insistes y acabas por encontrar la salida del laberinto.

A muchos no los vencen las crisis, sino su pesimismo y su inconstancia. Se dan por derrotados demasiado pronto. ¡Animo! Convierte los obstáculos en retos: ¡Excelente Reciclaje!

Juan de la Cruz

*L*os seres bondadosos viven en pacífica y amorosa unión con el Creador, con los demás hombres y con la naturaleza. Santos como el místico Carmelita Juan de la Cruz exultaban en una comunión cósmica con la creación de Dios, el amado:

"¡Oh bosques y espesuras plantadas por la mano del amado; oh prado de verduras de flores esmaltado, decid si por vosotros ha pasado! Mil gracias derramando pasó por estos sotos con presura, y, yéndolos mirando, con sóla su figura, vestidos los dejó de su hermosura".

Son versos de encumbrada poesía mística de un alma enamorada que canta el amor y la sabiduría de Dios en sus obras. El cosmos, desde las galaxias hasta los átomos y los quarks, nos llama a trascender y al asombro sin fin. El amor y la fe nos hacen emocionar porque descubrimos a Dios en las maravillas de la creación.

¿Qué es el destino?

El gran general japonés Nobunaga decidió atacar aunque sólo contaba con un soldado por cada diez enemigos. Cuando marchaban hacia el combate se detuvieron en un santuario sintoísta para orar. El estaba seguro de vencer.

Al salir del templo, Nobunaga dijo: "Voy a echar una moneda al aire. Si sale cara venceremos, si sale cruz seremos derrotados. El destino nos revelará su rostro". Lanzó la moneda y salió cara. Los soldados, que abrigaban muchas dudas, se llenaron de tal energía que vencieron sin dificultades. Al día siguiente, un ayudante le dijo al general: "¡Nadie puede cambiar el rostro del destino!" Exacto, le replicó Nobunaga, mientras le mostraba una moneda falsa que tenía cara por ambos lados.

El destino lo hacemos nosotros. La buena suerte y la mala suerte dependen de lo que haces o dejas de hacer. Nada está escrito, tú lo escribes al elegir.

Dedicarse a amar

*E*n 1966, Cleve Backster, un investigador experto en detectores de mentiras conectó un polígrafo a una planta. Constató que reaccionaba a los estímulos provenientes de las personas y del ambiente circundante.

James Stegner, quien fue director del observatorio Airglow, en Pittsburgh, hizo un notable experimento: logró que tras unos meses de sugestión, una planta aérea luciera lindas flores en forma de trompeta. Esta variedad de planta jamás había florecido en la naturaleza. Se han hecho muchos otros experimentos que prueban la sensibilidad del reino vegetal. Hay personas que tratan con amor a sus plantas y éstas reverdecen y fructifican de un modo espléndido.

¿Qué no podremos hacer con los demás si los tratamos con mayor cariño y delicadeza? Las personas se dedican a sus negocios y triunfan. El reto es dedicarse a amar. ¿Cuántos lo hacen?

La isla del tesoro

*E*l escritor inglés Robert Stevenson se vio aquejado durante toda su vida por serias dolencias. Casi que su existencia fue una continua espera de la muerte y la afrontó con un gran espíritu de superación.

Quienes sabían de su estado enfermizo se admiraban al verlo alegre y pletórico de entusiasmo. Cada vez que superaba una pleuresía u otro mal, se llenaba de euforia y agradecía por volver a nacer. "¡Nunca hubiera creído, solía decir, que el mundo fuese tan divertido!"

La maestría para no dejarse abatir por los achaques y la pesadumbre nace de una vida espiritual intensa. Las almas grandes cultivan las virtudes y en la esfera de lo trascendente hallan el sentido del vivir. La Isla del Tesoro, soñada por Stevenson, está en el interior del hombre.

Es la morada de Dios. El tesoro está en el amor que das: más tienes cuanto más ofreces.

Historia del diamante

*U*n asceta hindú llegó a las afueras de la aldea y acampó bajo un árbol para pasar la noche. De pronto llegó presuroso un habitante que le dijo:

-¡La piedra! ¡La piedra! dame la piedra preciosa.

-¿Cuál piedra? preguntó el asceta.

La otra noche se me apareció el Señor Shiva en sueños, repuso el aldeano. Me aseguró que si venía aquí al anochecer hallaría a un santo que me daría una piedra preciosa para hacerme rico. El santo hombre rebuscó en su bolsa y extrajo una piedra.

-Probablemente se refería a ésta, dijo. La encontré en un sendero del bosque hace días. Puedes quedarte con ella. Y se la entregó. El labriego la miró con asombro. ¡Era un inmenso diamante!

Se marchó y en su cama no podía conciliar el sueño. Al amanecer fue a despertar al asceta y le dijo:

-Dame mejor la riqueza que te permite desprenderte con tanta facilidad de este diamante.

Necesidad de Dios

*T*estimonio de un gran convertido: el escritor italiano Giovanni Papini: "Tenemos necesidad de Ti, Cristo, de Ti sólo y de nadie más. Tú que nos amas puedes darnos a los que estamos sumidos en la miseria más tremenda de todas, la del alma, el bien que nos salva. Todos tienen necesidad de Ti, incluso los que no lo saben.

El hambriento se imagina que busca pan y es que tiene hambre de Ti. El que busca la belleza en el mundo, sin percatarse te busca a Ti que eres la belleza entera y perfecta. El que persigue la verdad, sin querer te desea a Ti que eres la única digna de ser sabida. Quien tras la paz se afana, a Ti te ansía, única paz en quien pueden descansar los corazones inquietos".

Todos los que aman de verdad son "Cristianos Anónimos". Buscan a Dios con sincero corazón. Las religiones son creación humana y el cielo creación divina para los seres llenos de bondad y luz.

La bondad de Velázquez

Cuando Velázquez era ya un pintor de renombre tenía que vivir en la corte en un ambiente incómodo. Era del grupo de los que divertían al monarca: bufones, enanos, monstruos, barberos y la servidumbre.

Aprovechó esta situación molesta para su arte y se dedicó a observar a esos seres deformes y despreciados. Después de los retratos de los príncipes, pocas figuras destacan tanto como las de aquellos personajes. En sus retratos Velázquez refleja un sentimiento de piedad hacia ellos. Los pintó con bondad y humanismo.

Un excelso rasgo de comprensión del genial pintor. Seguramente los seres anónimos siembran más amor y esparcen más luz que los famosos. Lo sentencia el Evangelio: Los primeros serán últimos y los últimos serán primeros.

Opción por los pobres

*E*l gran ministro del rey Enrique IV de Francia, Sully, ejercía la política de modo ejemplar. En las audiencias públicas recibía siempre a los humildes en primer lugar, y en último término a los nobles y ricos.

Lo explicaba con estas palabras: "Tener un título es una razón para esperar y aceptar que sean favorecidos los que no tienen poder". Necesitamos líderes con esta hidalguía, gobernantes que usen el poder para servir, no para servirse.

El buen dirigente privilegia a los pequeños y los oprimidos. A ellos, "Los más pobres de entre los pobres" entrega su vida la Madre Teresa de Calcuta, y confiesa: "Los pobres son gente maravillosa, tienen un gran valor para soportar la vida que llevan".

Humildad

*E*l violinista austriaco Poper era muy ingenioso y gran conocedor de las gentes. Un colega suyo, muy fanfarrón, se vanagloriaba de haber ganado mucho dinero en una gira: "A ver si adivinas", le dijo, "cuánto he ganado". "¡La mitad!" Le respondió Poper, impasible. "¿La mitad de qué?" Inquirió el otro extrañado. "¡Es muy sencillo repuso Poper, la mitad de lo que ibas a decirme!"

Avanza siempre por el sendero de la modestia que inspira simpatía y benevolencia. Cuando te tornas engreído atraes el desprecio. Si te jactas de todo naufragas en el océano de la soledad. Sé la persona sencilla que huye de la altivez y conquista así el afecto de amigos y desconocidos.

El presumido despierta a su paso burlas y rechazo. Con el humilde todos se sienten a gusto. "La humildad es el origen de todo bien, así como el orgullo es el origen de todo mal", afirmaba San Vicente de Paul.

Suicidio fallido

*E*stremece este testimonio del músico Arthur Rubinstein: "Llegué a París procedente de Berlín, muy joven y mal preparado para el fácil triunfo que se me auguraba. Por estar descontento conmigo mismo lo estaba también con los demás. Nada me salía bien. Vivía pobremente sin un porvenir halagüeño. ¿Para qué vivir así?, me dije. Y traté de quitarme la vida.

Fue un intento fallido de suicidio... Pero cierta bella mañana desperté y sentí el gozo de vivir. Abrí los ojos a un mundo enteramente nuevo. Escapar de la muerte es como volver a nacer. Contemplar una flor me conmovía; ver un can siguiendo su sombra en la calle me enternecía. ¡Oh maravillas renovadas interminablemente! ¿Qué esperaba yo para ser feliz?

La felicidad era eso: aquel humilde existir diario. Lo había tenido siempre al alcance de la mano sin disfrutarlo".

Me olvidé de vivir

*E*l cantante Julio Iglesias, confesaba con nostalgia en un reportaje: "Tengo tres casas y ningún hogar". Piénsalo y cuida tu vida familiar. Es un tesoro más valioso que tu trabajo y tus diversiones.

Como padre o como hijo sé lazo de unión con el diálogo, los detalles, el cariño y la comprensión. Al permitir la disolución de tu hogar o provocarla, socavas los cimientos de tu felicidad. Disfruta esa paz que emana de un hogar lleno de amor. Evita las congojas de una familia disgregada. No excuses tus fallas diciendo: "¡Así soy yo!" Trata de mejorar con el reto de ser lo que puedes ser.

Tu hogar será un oasis si te dedicas a amar con el mismo interés que consagras al trabajo, al estudio o a la diversión. Ama a tu familia y no tendrás que corear lleno de melancolía: "Me olvidé de vivir...".

¿Ricos en qué?

Conservan toda su vigencia estas palabras de Sócrates. Atenienses os respeto y os amo, pero obedeceré a Dios antes que a vosotros. Mientras yo viva no cesaré de filosofar dándoos siempre consejos y diciendo a cada uno de vosotros: Mi buen amigo, ¿cómo no te avergüenzas de haber pensado más que en amontonar riquezas? ¿En adquirir crédito y honores y despreciar los tesoros de la verdad y la sabiduría? ¿En no trabajar para hacer tu alma tan buena como pueda serlo?

Este es el servicio continuo que yo rindo a Dios. Toda mi ocupación es trabajar para persuadiros, jóvenes y viejos, que antes que el cuidado del cuerpo está el del alma y su perfección".

Somos pobres sin riqueza interior. La mejor inversión es la que hacemos en los valores del espíritu. La valía brota del alma.

213

Energía divina

Hay seres con un fantástico poder de recuperación ante las crisis y los embates de la vida. Su secreto es el entusiamo, la inspiración divina. Del griego "En Theos", en Dios; la energía divina en mí.

En la historia de Israel las gestas heroicas de Moisés, Samuel, David o Isaías están rubricadas por el entusiasmo. Todos lucharon con una convicción: la presencia poderosa de Dios. "¡Yo estaré contigo!" Exodo 3.12. Si vives unido al Ser Supremo y Su energía se suma a tu fe y tu esfuerzo, eres un vencedor. Con el poder que emana de la unión con Dios cambias lo que se puede cambiar o aceptas con serenidad lo inevitable.

El entusiasmo lo ves en la fogosidad de los exploradores, el tesón de los santos, el ahínco de los grandes hombres. Lo posees cuando estás con Dios, tienes mente positiva, avivas la fe y creces en constancia. La energía divina en ti, es un bien más preciado que todo el oro del mundo.

Ver a Dios en todos

*M*ahatma Gandhi escribió alguna vez: "Si yo pudiera convencerme de que encontraría a Dios en una cueva del Himalaya, iría allí inmediatamente. Pero sé muy bien que no puedo encontrarlo fuera de la humanidad".

El mundo tiene sed de una fe que sea fraternidad, que borre las fronteras y siembre la equidad. La Madre Teresa de Calcuta acoge por igual a hindúes, musulmanes o cristianos. En todos ve a Dios. "Si alguno dice: Amo a Dios, y aborrece a su hermano, es un mentiroso. Pues quien no ama su hermano, a quien ve, no puede amar a Dios, a quien no ve. Y hemos recibido de El este mandamiento: Quien ama a Dios, ame también a su hermano". 1 Juan 4.20.

La religión es amiga de la hermandad y enemiga del fanatismo y las divisiones. Nos mueve a ver a Dios en los demás y a verlos con los ojos de Dios.

¿Dónde está Dios?

Confesión de Elie Wiesel, sobreviviente de Auschwitz. Las SS colgaron a dos hombres judíos y a un joven delante de todos los internados en el campo. Los hombres murieron rápidamente. La agonía del joven duró media hora.

-¿Dónde está Dios? ¿Dónde está?, preguntó alguien detrás de mí. El joven seguía sufriendo colgado del lazo. Oí otra vez al hombre exclamar:
-¿Dónde está Dios ahora?. Y en mí mismo escuché la respuesta: Dios está aquí... Dios está ahí, colgado del patíbulo. Sí, Dios está en los que sufren, víctimas de una violencia generada por el hombre que abusa de su libertad.

No hay que dudar de Dios a causa del mal generado por el hombre y, para ser justos, sólo por algunos hombres. Dios está en el empobrecido y el torturado. Dios está también en el justo y el bondadoso. Incluso está en el malo, aunque él no lo sabe. El mal se disipa si nos dejamos guiar por Dios.

Testimonio de un ciego

*H*ace unos veinte años, cuando aun no me acostumbraba a ser ciego, mi hija menor me dio el mejor aliciente: "Papi, ¿me haces un telescopio?", me dijo un sábado.

Era una petición difícil. Le expliqué que no tenía lentes. Pero, agregué arriesgándome, "si vas al pueblo y compras un par de espejos pequeños, te hago un periscopio". Fue y los trajo antes de que pudiera arrepentirme. Con cartón y cinta adhesiva, el periscopio quedó listo. Poco más tarde, Susan demostraba su nuevo juguete a un amiguito: "Me lo hizo mi papá, le dijo sin presunción". "¿Te lo hizo tu papá?" preguntó el chico con incredulidad.

Ansiosamente esperé la respuesta de mi hija, a la sazón de once años. "Sí, él me lo hizo", repitió. Y luego añadió siete palabras que para mí pusieron el mundo en su lugar: "Es ciego, pero no de las manos".

Un gran pintor

*E*l pintor Marc Chagall, el más audaz colorista de nuestra época, solía decir: "El día que no trabaje, moriré". Se equivocó; a los 97 años se desplomó y murió cuando pintaba un autorretrato en su estudio.

Como la mayoría de los grandes hombres, conoció la pobreza y sobresalió a base de lucha y tenacidad. Poco dinero había en su familia judía para nueve hijos. A los 20 años de edad, Marc se fue a San Petersburgo. Allí vivió de limosnas y durmió en hoteluchos mientras estudiaba pintura. Después se instaló en París. Su obra está impregnada de un profundo sentido religioso; refleja su fe en la Sagrada Escritura.

Sus ventanales en la catedral de Reims unen armoniosamente el Antiguo y el Nuevo Testamento. Un conjunto pictórico que presagia la unidad religiosa que todos debemos fraguar.

Semáforo en rojo

Semáforo en rojo para reflexionar. Te hace bien detenerte a meditar para conocerte mejor y cambiar. Semáforo en rojo para el viaje más útil: el viaje al mundo interior, el ámbito del espíritu. Alto en el camino para recapacitar, corregir errores y no porfiar con terquedad en actitudes nocivas.

En el tráfico de la vida es sabio quien reorienta su sendero y se libera de lastres fatigosos. Semáforo en rojo para lo que la Biblia llama conversión: volver con amor a Diòs y al hermano. Cambio positivo que algunos dan ante la muerte o una grave enfermedad. Hazlo tú sin sufrir una grave crisis.

Las pausas para recapacitar son tan necesarias como parar un auto para hacerle mantenimiento. Los antiguos pasaban temporadas en el desierto para meditar, sosegarse y buscar la paz del corazón. ¡Detente! ¡reflexiona! ¡Cálmate!

Educar es estimular

*R*eflexión del estadista inglés Disraeli: "El don más grande que podemos hacer a otros, no es compartir con ellos nuestra riqueza, sino hacerles descubrir la propia". Excelente misión para los padres y los educadores.

Nos morimos sin usar la mayoría de los dones y debemos motivar a los demás a que se amen y no se menosprecien en su ascenso hacia el éxito. Jesucristo tuvo como uno de sus temas predilectos el del buen uso de los talentos recibidos. Quien se valora y cultiva sus dones no cae en la lesiva tentación de la envidia. Educar es estimular a los demás a rendir al máximo con sus aptitudes, despertar la creatividad y ayudar a los otros a estimarse y a fructificar con sus capacidades.

Quien ama elogia sin celos. El egoísta frena, crea relaciones dependientes que anulan y dice: "Te quiero para que me hagas feliz". Si amas, das libertad y dices: "¡Te quiero para hacerte feliz!"

Pensar lo mejor

Sin ser ingenuo, piensa lo mejor de ti mismo y de los demás. Una ley espiritual dice que somos lo que pensamos. No hay paz en una mente cargada de odio. Sólo gozas de la luz cuando no albergas pensamientos sombríos y ya estás derrotado al pensar en el fracaso.

Los vencedores ganan los combates antes en su mente porque el pensamiento nos moldea como alfarero de la vida. Aprende a controlar tu mente y a colmarla de positividad. Mejoras cuando sabes relajarte, meditas, te unes a la mente divina, lees buenos libros y reflexionas a menudo. La ciencia aún no alcanza a vislumbrar el poder asombroso de la mente y la medicina acepta que la mente cura o enferma.

Sé el timonel de tu pensamiento y ten presente que si no manejas tu mente ella te maneja a ti. Recrea una armonía paradisíaca con pensamientos de paz y amor y huye de los seres con mente perversa.

Superación

Si tú ánimo está en déficit y respiras desaliento, mira a seres que luchan años y años contra sus limitaciones. Un ejemplo entre muchos es el de Gaby Brimmer, afectada de parálisis cerebral al nacer.

Con una fortaleza inquebrantable y esa determinación de los vencedores, estudió periodismo en la Universidad Autónoma de México. Su ángel guardián, Florencia Morales, es otra persona llena de fe, constancia y amor generoso. Es una historia cautivadora, llevada al cine en la película *Gaby*: Un canto a la superación. Florencia y Gaby son seres especiales que viven para amar y servir. Entre las dos crían con cariño a una niña adoptada, a quien Gaby bautizó Alma Florencia Brimmer.

Gaby superó sus crisis de fe y afirma que se siente en comunión con Dios. "En silla de ruedas está mi cuerpo, no mi mente", dice. Los fardos pesados se hacen llevaderos para seres con autoestima y confianza firme.

Paz en el corazón

Se cuenta que Platón se encolerizó cierto día con un esclavo suyo que le había desobedecido. Llamó a un sobrino y le dijo: "Hazme el favor de castigar tú ese esclavo desobediente. Si yo lo hiciese ahora sería injusto porque estoy lleno de ira".

Serás ecuánime si practicas esta lección del gran filósofo. No actúes motivado por el ciclón de la cólera. Si reprendes enfadado puedes cometer una falla peor que la que pretendes corregir. De un ánimo sereno nacen actos de paz y de un espíritu exasperado brotan actos de violencia e injusticia. "Las consecuencias de la cólera son muchísimo más nocivas que las causas que la producen". Marco Aurelio.

Sé rico interiormente para permanecer imperturbable en las contrariedades. La paz y la guerra nacen en el corazón. Busca como los sabios griegos la *apatheia*, la calma y la quietud, sin pecar por insensible.

Dominar la envidia

*M*iguel Angel, al contrario de Bramante, su detractor de toda la vida, jamás esculpió en su alma el demonio de la envidia. El elogio sincero a su implacable crítico refleja su magnanimidad: "El talento de Bramante como arquitecto es igual al de cualquiera de los antiguos hasta ahora. Trazó el primer diseño de San Pedro y un diseño claro y lleno de luz".

Miguel Angel sabía usar sus dones y por eso no conocía el gusano de la envidia. Lo mataba con cumplidos para los demás: "Puedo hacerla más grande, pero no más hermosa", dijo de la cúpula del duomo florentino, obra de Brunelleschi.

Reconoce sin ruindad los triunfos de los demás y así compartes su alborozo. No seas ciego para la bondad ajena. La envidia es un abismo sin fondo en el que se despeña la alegría. El envidioso vive a espaldas de la felicidad. Los logros de otros son tuyos cuando los ponderas sinceramente. Sé feliz con la felicidad de los demás.

Rectitud

Cierto día el emperador Carlos V, confiado en sus colaboradores, firmó un decreto contrario a las leyes. Al enterarse pidió que se lo devolviesen para anular la firma y ante los reparos de sus cortesanos dijo: "Mejor anular mi firma que mi alma".

Para el deshonesto primero que su alma están el lucro, la fama, el poder o el placer. Sé íntegro y que la rectitud sea tu mejor blasón. Por la vía de la inmoralidad se corre hacia el abismo. El incorruptible conserva el don más preciado: la paz de la conciencia. Sin ética haces de la vida una pesadilla. ¿De qué le sirve al hombre ganar todo el mundo si pierde su alma o su vida?, decía Jesucristo.

Actúa con transparencia sin manchar tu conciencia por grandes cosas; menos por fruslerías. Hay pobres que roban por necesidad. ¿Qué decir de los políticos que roban por inmoralidad? Sin ética prostituyen la política.

Gratitud

*L*a desdicha será tu compañera si perteneces a la caterva de los inconformes. Saluda cada día con gratitud ya que sobran motivos para el agradecimiento desbordado. El quejumbroso es un infeliz que alimenta la envidia.

Adorna tu alma con la gratitud y descubrirás que tu vida reluce con el entusiasmo. El agradecido se torna optimista. ¡Cuán placentero es compartir con aquel que reconoce lo bueno de la vida, de Dios y de los demás! Evoca con gozo los logros del pasado, aprecia lo grato del presente y así preparas un floreciente porvenir.

"La gratitud es noble recompensa de las almas generosas". Shakespeare. Dar gracias es hacer grata la vida. La gratitud aleja la tristeza y llena de ánimo el espíritu. Agradece todo lo positivo y brillará radiante la luz del amor en tu hogar y tu trabajo.

Saber elegir

*¡U*sa sabiamente tu poder de elección! Es una ley del éxito. Con amor, verdad y responsabilidad huyes del libertinaje. Bien decía San Agustín: "¡Ama y haz lo que quieras!"

Muchos son siervos por hacer lo que quieren, no lo que conviene. Aún persiste la esclavitud: Millones de seres cautivos de vicios, licor, droga, dinero, poder y fama. "El hombre ha nacido libre y en todas partes está encadenado", afirmaba Rousseau. Si eliges con amor no manipulas ni te manipulan. Sé libre y en tus relaciones fomenta una sana independencia, así evitas conflictos y sinsabores.

La auténtica libertad es una conquista diaria y la disfrutan los que aprecian los valores del espíritu. Si vives para tener más, te esclavizas; si vives para ser más, te liberas. Que lo material no te subyugue. Sé un paladín de la libertad y valora al máximo ese don divino que te enaltece: el libre albedrío.

Take it easy

*¡T*ómalo con calma! *Take it easy*, es una expresión inglesa muy sabia y útil en un mundo febril y presuroso. Al vivir sólo para la acción te ahogas en las dificultades por no crear espacios de paz.

Afronta la vida y sus crisis con serenidad. Ten sapiencia para ir paso a paso y aceptar lo inevitable. ¡Tómalo con calma! Tensionarse y airarse ante un conflicto es duplicar el problema. Piensa como los orientales: "Si un problema tiene solución, ¿por qué te preocupas?, si no tiene solución, ¿por qué te preocupas?" Conservas la placidez si en las crisis no te centras sólo en lo negativo y haces inventario de los bienes que conservas.

Jamás todo está perdido, excepto en la mente de los desesperados. Siempre quedan dones, fuerzas y apoyos para continuar. Walt Disney superó con fe y calma varias quiebras económicas; James Watt fracasó repetidas veces con su máquina de vapor. La fe los impulsó a perseverar.

No al aborto

¿*D*ebe nacer un niño de hogar miserable, con papá alcohólico que lo abandonará a los dos años, mamá con problemas mentales a los 11, gamín y sin educación formal? Hablamos del colosal cómico Charles Chaplin. Con temple y tenacidad triunfó sobre la adversidad.

El ser humano tiene recursos para superar obstáculos que parecen insalvables y madurar con el sufrimiento. Afortunadamente no abortaron a un niño, pobre, autodidacta y con sordera en la edad adulta: Edison, el mayor inventor de la historia. Algunos no hubieran dejado nacer a Dickens por la terrible miseria que soportó en la infancia mientras el papá estaba en la cárcel.

Optar por el aborto es buscar sin ética la salida cómoda y fácil; no hay motivos que justifiquen ese crimen. Seamos defensores de la vida y ofrezcamos nuestro apoyo para que se dé una buena educación sexual centrada en el amor responsable.

Cómo dominar la ira

*E*l padre de Miguel Angel nunca quiso que su hijo se dedicara a la pintura. Un día lo halló dibujando y se puso furioso. Miguel Angel, sin atender a los improperios del buen hombre, lo contemplaba admirado y le dijo: "Oh padre, qué hermoso modelo serías para pintaros cuando estás encolerizado".

Las palabras hirientes que dices exasperado quedan como estigmas en el alma del agraviado. No digas que no puedes controlarte y reconoce que haces muy poco por dominar tu mal genio. Hay tácticas para dejar la ira, y los libros de superación humana dan buenos ejemplos.

Alejas la ira con una vida más serena, más espiritual, relax, deporte y capacidad de aceptación. Cierra tus ojos con frecuencia e imagínate calmado ante algo que te enfurece. Así previenes la cólera. Haz un plan de vida para corregir el malgenio y pide ayuda a tus seres queridos. Dedícate a cambiar.

3 fórmulas valiosas

*L*a doctora Helen Kaplan, afamada sicoterapeuta familiar en Estados Unidos, fue invitada a un programa de TV. Le hicieron la pregunta del millón: díganos tres fórmulas para hallar la solución a los problemas de pareja y de familia. Aclaró que no había reglas mágicas y dijo que sus tres fórmulas eran: 1a. Dialogar. 2a. Dialogar. 3a. Dialogar.

Amigos del diálogo son: la sencillez, la sinceridad y la comprensión. Enemigos: el orgullo, la falsedad y el egoísmo. Aprende a dialogar y aprenderás a convivir. Evita las discusiones pues socavan una relación. Pierdes cuando ganas una discusión con un ser querido.

"El único medio de salir ganando en una discusión, es evitarla" decía Dale Carnegie. Recuerda que los altercados dejan cicatrices en el corazón. Serénate para hablar con calma. Acepta leves divergencias antes que polemizar en agrias controversias.

El chisme divide

*L*os chismosos suelen ser inconscientes del daño que causan con su ligereza al hablar de los demás. La murmuración provoca desavenencias entre amigos, conflictos entre esposos, separaciones y hasta muertes.

"Las malas lenguas siempre tienen veneno con que emponzoñar, y no hay nada que pueda librarse de ellas", decía Moliere. Cuídate de la ponzoña del chisme que hace nacer la desconfianza entre las personas. No hables mal de los ausentes, así como a tí te disgusta que lo hagan contigo. Defiende a la víctima del murmurador.

Muchos no saben que son ladrones: le roban la fama a los demás. Evita el chisme y fomenta la concordia. Sin ingenuidad, sé consciente de las fallas ajenas, pero en lugar de juzgar crece en aceptación y estímulo; así es posible que esas fallas desaparezcan.

El perdón da paz

Según León Tolstoi. "Sólo hay una manera de poner término al mal y es devolver bien por mal". Eres amigo de la paz si en el computador del alma cancelas las ofensas. Eres violento si las programas en la memoria. La venganza engendra más violencia.

El perdón te diviniza y logra convertir en hermanos a los adversarios. Gandhi era hindú pero releía cautivado la lección sublime del sermón de la montaña sobre el amor a los contrarios: "Amad a vuestros enemigos y orad por los que os persiguen. ¿Porqué si amáis a los que os aman, qué recompensa tendréis? Lo mismo hacen los pecadores".

La religiosidad judeocristiana nos da excelsos ejemplos de misericordia, como el de David con Saúl. Puede matarlo, pero muestra su grandeza cortándole sólo la punta del manto mientras duerme en una cueva. Si devuelves bien por mal la paz deja de ser una utopía. Cuando dices no a la venganza dices sí a la hermandad.

Armonía familiar

*E*l tiempo que no dedicas a tus hijos con amor en el hogar se los dedicas con llanto en una inspección o un centro de rehabilitación. El cariño que los hijos no dan a sus padres en vida tratan en vano de ofrecerlo ante una tumba con complejos de culpa.

Eliges lo mejor para ti si cuidas con esmero tus relaciones familiares. Aviva el calor de hogar. Para convivir en armonía es vital la aceptación. Acéptate a ti mismo y acepta a los demás. Valora tus dones y elogia los de tus seres amados. En todo hogar es más lo positivo que lo negativo. Corrige tus fallas y ayuda con paciencia a los tuyos para que superen sus limitaciones.

Sé pródigo en el estímulo y avaro en la crítica. Fomenta el diálogo y procura saber escuchar. Los detalles convierten un erial en un jardín. Engalana tu hogar con la ternura y los gestos de cariño. ¡Salvamos la patria si salvamos la familia!

Relaciones estables

*E*n la URSS uno de cada tres matrimonios termina en divorcio según el diario Leninskoe Znamya. En el mundo crece el número de separados y esta crisis pide una educación para amar y convivir.

Así podemos superar los factores del caos: inmadurez, irresponsabilidad, libertinaje e inmoralidad. También la falta de fe. Si Dios está presente en tu hogar, su luz conjura la tiniebla y su presencia reconforta. Algunos separados sacan lecciones de su fracaso y crean una nueva relación estable y llena de amor. Otros actúan con ligereza, no buscan ayuda y van de tropezón en tropezón, con secuelas terribles para ellos y los hijos.

Separarse debe ser una decisión extrema. Hay que agotar los recursos para evitar el naufragio. No eches todo por la borda sin más. Así tendrás el consuelo de que luchaste hasta dar todo de ti. ¡Persevera! "En lo más crudo del invierno aprendí al fin que había en mí un invencible verano". Albert Camus.

El Mesías de Haendel

Al final de su vida Haendel quedó ciego, pero perseveró como organista y director hasta una semana antes de morir. Sumido en la pobreza, viejo, fatigado y lleno de deudas, compuso el Mesías en un trance de inspiración divina, en veintitrés días.

"He visto ante mí el cielo y al mismísimo grande Señor Dios", dijo al concluir el inmortal coro del Aleluya, mientras el llanto descendía por sus mejillas. Hacía poco había superado con entereza una parálisis y la muerte de su protectora la reina Carolina. Haendel quiso que todas las ganancias del Mesías fueran a obras de caridad. Así se hizo desde el debut en Dublín con un éxito clamoroso.

Después de la audición en Londres, su amigo y admirador, Lord Kinould, le dio gracias por el entretenimiento espléndido. La respuesta de Haendel fue muy clara: "Mi Lord, me sentiría muy triste si únicamente les hubiera entretenido. Mi intención era causar algo más grande". A los 74 años de edad el compositor presentía su partida y decía: "Me agradaría morir en Viernes Santo". Así ocurrió el 13 de abril de 1759.

Valor de las crisis

Afronta las dificultades con actitud mental positiva: te ayudan a madurar y a desarrollar tus talentos. Sin lucha la vida sería el reino del hastío. Es feliz quien supera obstáculos y alcanza metas.

"Es necesario dar gracias a Dios de estar descontento de uno mismo. Ojalá pueda uno estarlo siempre. El desacuerdo de la vida con lo que debiera ser es precisamente el signo de que hay vida. El movimiento ascendente de lo más pequeño a lo más grande, de lo peor a lo mejor. Este desacuerdo es la condición del bien. Cuando uno permanece tranquilo y satisfecho de sí mismo, es cuando está mal". Tolstoi.

Vence el desaliento y lucha con brío para que los escollos los conviertas en escalones hacia el triunfo. Sé animoso y huye de la vida fácil que llevan los haraganes.

237

7 vueltas en la boca

¿Cuál es el pecado más común? No conozco estadísticas al respecto, pero sé que el mal genio está en los primeros lugares. La práctica de la relajación, unida a la oración, reporta excelentes frutos para vivir con sosiego.

Contar con la ayuda de seres queridos nos permite calmarnos en un ataque de furia. La comunión con la naturaleza y la buena música son un bálsamo para el espíritu y brindan quietud. Contar hasta diez antes de hablar es un viejo truco muy útil. "Antes de hablar, que tu lengua dé siete vueltas en la boca". Plutarco. Vences la ira con determinación, no con esfuerzos pasajeros.

Con buen genio le pones más vida a los años y más años a la vida. En el egoísmo y el orgullo están las raíces de la cólera. Crece pues, en amor y en sencillez y lograrás dominar el enfado. Amate y ama si quieres vivir en paz.

Ideales y esperanza

*T*u vida son tus esperanzas, tus ideales y tus metas. El ser humano vive por sus anhelos. Quien nada espera ya está muerto en vida. No hay tumba más oscura que la del desespero o la apatía. Sin expectativas te asfixias de hastío con la peor parálisis: la de la indolencia.

Aviva, pues, el fuego de la esperanza. Los ideales son ese viento recio que te libra de estar anclado en el mar de la inercia. Las metas dinamizan el presente y te lanzan con entusiasmo a la conquista del porvenir. Si nada ansías caes en el marasmo existencial. Espera lo mejor de ti y de los otros, piensa en lo mejor, lucha por lo mejor.

El infierno lo ve Dante como la ausencia de esperanza. "Oh vosotros los que entráis, abandonad toda esperanza". Sea Dios tu esperanza: "El que espera en El no es confundido". Salmo 25. "En Yahveh puse toda mi esperanza, El se inclinó hacia mí y escuchó mi clamor". Salmo 40.

2 abuelas positivas

Margaret Patrick de 76 años de edad y Ruth Eisenberg, de 86, son dos abuelas pianistas parcialmente paralíticas a causa de apoplejías sufridas en 1982. El singular dúo da conciertos por toda New Jersey desde que vencieron la autocompasión y unieron sus mentes y sus manos.

La mano izquierda de Patrick toca los tonos bajos y la derecha de Eisenberg, los agudos. Se complementan de maravilla. Hace siete años creían que el fascinante mundo de la interpretación musical se había cerrado para ellas. Pero como afirma Margaret con entusiasmo: "Cuando una puerta se nos cierra, Dios nos abre otra. El fue quien nos reunió a nosotras".

La persona positiva aprovecha lo que tiene sin malgastar energías en la queja y la autocompasión. Para el optimista, ni los achaques ni los problemas son la tumba de su felicidad, pues sabe sacar diamantes del carbón.

Dialogar y dialegar

Aprende a dialogar, no a "dialegar". Una buena comunicación pide compartir ideas divergentes con serenidad y aplomo. Cuando sabes escuchar evitas malentendidos. Mientras otros sólo oyen, tú presta interés a quien te habla y valora sus opiniones.

La sencillez te permite ceder sin aferrarte tercamente a tus ideas. El orgullo bloquea el entendimiento. Aprecias mejor los puntos de vista ajenos si eres comprensivo. El diálogo exige ponerse en el lugar del otro. En el cielo del diálogo también debe brillar la estrella de la sinceridad. ¡Sé amigo de la verdad!

Te empobrece hablar sólo con los que piensan como tú. Los contrarios te abren a nuevos mundos y a nuevas ideas. Sé paciente al intercambiar opiniones. Si esperas resultados mágicos acabarás por no dialogar con nadie. El buen humor puede acercar más que el mejor razonamiento.

La fe de Charles Chaplin

*D*e Charles Chaplin en su film *El Dictador*:
"En este mundo hay espacio para todos... Pero
la codicia ha envenenado el alma de los
hombres y ha levantado murallas de odio.
Pensamos en demasía y sentimos bien poco.
Más que de máquinas, necesitamos de
humanidad; más que de inteligencia,
necesitamos afecto y dulzura. Sin esas virtudes
la vida será violenta.

Pero mientras viva el hombre, la esperanza
nunca desaparecerá. En el capítulo 10 de San
Lucas está escrito que el reino de Dios está
dentro del hombre. No de uno sólo, o de un
grupo de hombres, sino de todos los hombres.
Está en ti.

Tú tienes el poder de lograr la felicidad. Tú
tienes el poder de lograr una vida libre y bella,
de convertirla en una aventura maravillosa. Por
eso, usemos ese poder, unámonos todos,
luchemos por un mundo nuevo".

Deseo vehemente

*U*na clave para realizar tus aspiraciones es el deseo vehemente de concretarlas. Sé un apasionado en tus ideales. El deseo de muchos es tan débil que cualquier viento contrario apaga la llama de sus anhelos. Quien desea algo con impetuosidad, lucha, persevera y supera obstáculos que para el apocado son barreras insalvables.

El papá de Darwin se opuso rotundamente a que su hijo fuera naturalista y lo obligó a estudiar medicina. No fue la vergüenza de la familia, como auguraba su padre, y alcanzó lo que desde niño deseó ardientemente. Igual sucedió con Julio Verne a quien su padre le quitó todo apoyo y lo forzó a seguir el derecho. Verne aguantó hambre en París y en medio de grandes dificultades logró lo que quería, hacer literatura de ciencia ficción.

Los ejemplos abundan. Es el anhelo y la pasión por alcanzar un objetivo lo que caracteriza a los vencedores. Un deseo entusiasta es prenda de victoria, en tanto que la displicencia es camino hacia la frustración.

Almas limpias

Alguien derrama grasa sucia sobre tu rostro y tu ropa. Te ofendes y de inmediato cambias de vestido y te bañas. ¿Cuidas tu apariencia externa? ¿Sucede igual con tu pureza interior? Son peores las manchas en tu conciencia que en tus vestimentas.

Emplea el jabón perdón para limpiar tu alma del mal. Cuídate de los que enlodan con charlas vulgares tu mente y tu espíritu. No es tu amigo, sino tu enemigo, quien ante ti denigra del amor, la fe y la familia. El inmoral y el pesimista derraman grasa en tu corazón. Esmérate más por lucir una conciencia pura que por acicalar tu cuerpo y disfruta la paz de un maquillaje espiritual. Si valoras el mundo interior harás con la práctica religiosa muchas sesiones de belleza en el salón de tu alma.

Los maestros espirituales insisten en que la religión está en la transparencia del alma y no tanto en ritos externos. Con una conciencia diáfana no eres un "sepulcro blanqueado" y cancelas la hipocresía siendo auténtico. Tu alma es un manantial cristalino si vives tu fe y aprecias la limpieza interior.

Paciencia

"*U*n viaje de mil kilómetros se inicia con un sólo paso, y es paso a paso que se realiza". Sabiduría oriental para ser pacientes. Evita la pasividad del lento y el desespero del acelerado. Las obras suelen ser el fruto de un proceso y no logros repentinos.

No se siembra hoy la semilla para cosechar en semanas. Hay que esperar meses y hasta años. Sé, pués, paciente contigo mismo y con los demás. No pierde vigencia el dicho de los abuelos: "¡Hay que darle tiempo al tiempo!" Se cuenta que Dante pulió durante 30 años La Divina Comedia y que Virgilio le dedicó 20 años a La Eneida.

Si sabes esperar, mientras haces camino al andar, alcanzarás las metas anheladas a su debido tiempo, no antes. Camina resuelto y acepta con calma ese avance gradual de maduración que tensiona al presuroso.

El tesoro de la amistad

Sólo hay una fórmula para tener amigos: ser amigable. Dar para recibir, amar para ser amado. La amistad no se impone a la fuerza: es flor que brota espontánea en el jardín de la bondad. Es fruto de la sinceridad, el desinterés, el respeto y la lealtad.

Amigo es quien te dignifica. Con el amigo eres más, no eres menos. El amigo te corrige y no es cómplice de tus fallas. El tesoro de la amistad lo hallan los que aman a Dios y en El tienen el mejor amigo. Sin espiritualidad, la barca de la amistad naufraga en el mar del materialismo. Algunos con ceguera tratan como amigos a sus enemigos, camaradas de vicios y ruindades. Gozas la amistad si creces en bondad e irradias optimismo, si eres honesto y apacible.

Sé generoso y no sufrirás una soledad desesperante. Como amigo evita los celos y la posesividad. Deja al otro ser él mismo sin pretender que sea tu copia. La amistad no tolera la posesividad porque respeta la libertad sin el freno del egoísmo.

Luchar con tesón

*E*l éxito no es maná que llueve del cielo para unos privilegiados, ni se posee con conjuros o cifras cabalísticas. La mayoría de los grandes personajes superó con fe y decisión situaciones adversas.

Problemas de salud obligaron a Proust a llevar una vida apartada. Aprovechó la quietud para escribir sus mejores obras. Cervantes sobrellevó con entereza cinco años de cautiverio en Argel, en la batalla de Lepanto quedó con una mano inutilizada y también soportó la estrechez económica. Morse no encontró apoyo para el telégrafo ni en Estados Unidos ni en Inglaterra de donde regresó arruinado. Tarde creyeron en él. La miseria que denuncia Dickens en sus obras la sufrió en su infancia.

Nada más motivador que leer biografías para aprender a afrontar los obstáculos con coraje y esperanza. Si no eres superficial ni mediocre aprendes de los grandes hombres esos valores que necesitas para dar excelente fruto con tus talentos.

O solidarios o solitarios

*E*l dilema es: O solidarios o solitarios. O unidos por el amor o divididos por el odio. La solidaridad da solidez a la sociedad. Al educar para compartir, congelamos el egoísmo y con la justicia nace la paz.

No seas cicatero en el amor y la felicidad dejará de ser una utopía. A más sensibilidad social, menos violencia. Creces en nobleza cuando creces en compasión. Compadecer es padecer con los demás; hacer nuestro su dolor. Que la solidaridad sea para ti una vivencia espontánea; no des por obligación, y menos con orgullo. Llénate de regocijo al dar con generosidad. Darse a sí mismo vale más que dar cosas.

Hay convivencia pacífica donde brilla la equidad, donde se disfruta lo necesario sin matarse por lo superfluo. Practica las obras de misericordia, sé un buen samaritano. Eres amigo de la paz si tienes sensibilidad social.

Buena conciencia

Actúa con transparencia como amigo de la verdad y enemigo de la falsedad. Desecha las apariencias. Cuando te muestras como eres, tus relaciones las edificas sobre roca; si eres falso se derrumban en la arena de la hipocresía.

Un noviazgo con hipocresía presagia un amor fracasado porque el falsario sólo sabe de frustraciones. Siempre llegas a buen puerto si navegas en el mar de la autenticidad. No hay felicidad sin verdad. El hipócrita es un ser deleznable que se priva del placer de la amistad y el gozo del amor. "Hipócrita, saca primero la viga de tu ojo y entonces podrás ver para sacar la brizna del ojo de tu hermano". Mateo 7.5.

Si eres tú mismo, sin máscaras, no vives de ilusiones como el simulador. Eres noble al obrar sin fingimiento. No se cumpla en ti el dicho de Shakespeare: "Dios os ha dado una cara y vosotros os hacéis otra". Cuando tienes buena conciencia huyes de las apariencias.

Amor bonsai

Si alguien te ama no te recorta las alas, sino que te impulsa a volar; con ese ser eres más, no eres menos. Los egoístas convierten en bonsai a quienes juran amar. Anulan y manipulan con un querer camuflado de afecto. El amor bonsai se da entre padres e hijos, novios y esposos.

Lo ve uno en seres subordinados, sin creatividad, pobres víctimas. Valórate y nadie segará tus raíces para impedirte crecer y dar lo mejor de ti mismo. El bonsai está bien en la botánica, pero es nefasto en las relaciones. Sé una persona adulta, de carácter, no un niño grande. Aprovecha toda tu potencialidad. El complejo de inferioridad te anula, opaca tus talentos y es común que se refleje en una superioridad que sojuzga a los otros.

No entierres tus talentos ni los de aquellos a quienes amas. Amate a ti mismo y no alimentes dependencias alienantes. Quien anula al ser amado patentiza la inseguridad y los complejos de los dos.

Optimismo

Sabia lección del director de cine Roberto Rosellini: "Tengo un inmenso tesoro: mi ignorancia. Superarla es para mí una gran dicha. Y si logro comunicar a otros lo que aprendo, mi placer es doble. Mientras siga descubriendo cosas nuevas, la vida será hermosa, aunque también demasiado breve para todo lo que quiero aprender y compartir".

Ejemplar actitud para vivir plenamente. Ten apertura para hacer de tu vida una aventura maravillosa con horizontes siempre nuevos en un mundo ilimitado. Haz tuyo el placer de aprender y de comunicar. No te encierres en la prisión del hastío por falta de ideales. Para miles de limitados físicos la vida es hermosa. Son positivos porque aprecian sus dones.

Sé optimista y no dirás que la vida es aburrida, como suelen decir los pusilánimes. Ya lo ves: hasta la ignorancia es un tesoro. Cree en Dios, en ti mismo y en los demás. Así conviertes en retos los obstáculos.

Saber dialogar

Al expresar tus opiniones en un diálogo sereno y positivo evitas agrias controversias y convives en paz. La discusión es un camino sin fin para llegar a la mutua comprensión. Hay relaciones que se vuelven cenizas en la hoguera de pleitos sin sentido.

Quien más grita es el que menos tiene la razón. Es el más calmado el que sabe vender sus ideas. Cuando intuyas que se gesta un altercado, retírate a tiempo, porque ya iniciado es difícil controlarse. Yerran los que se jactan de cantarle verdades a los demás. Haces mal si no dices la verdad cuándo, dónde, cómo y a quién conviene. Te comunicas mejor cuando valoras las ideas ajenas sin la insolencia de los que creen poseer la exclusiva de la verdad.

Los que discuten no terminan unidos pensando igual, sino separados, reñidos y aferrados a su propio parecer. Dialoga y así evitarás agravios y ultrajes. La discusión es huracán que arrasa con una relación.

Juan XXIII

*L*a edad no es un freno para los seres bondadosos y entusiastas. Juan XXIII renovó la Iglesia al ser elegido Papa a los 77 años de edad. Con su dulzura y afabilidad cautivó hasta a los agnósticos y ateos. Gran amigo del cambio o *aggiornamento*; es decir de actualizarse.

En su testamento leemos esta confesión que bien puede ser nuestro vademécum espiritual: "Estoy preparado para marchar. He orado por los niños, los enfermos y los pecadores. Tengo la gran alegría de haber hecho lo que debía. Estoy contento de haberle dicho siempre sí a Dios".

Juan XXIII era un viejo alegre, creativo y de excelente humor. Un día visitó el hospital del Espíritu Santo en Roma. La madre superiora de las monjas lo saludó conmovida: "Santo Padre, yo soy la superiora del Espíritu Santo". En verdad es usted muy afortunada, replicó el Papa sonriente, yo soy únicamente el Vicario de Cristo.

Valor de un parapléjico

André Crepy es un piloto parapléjico que pasa de la silla de ruedas a la cabina de su avioneta. Fundó hace años en Francia la asociación aeronáutica para limitados físicos con una función social. Salvan vidas humanas informando sobre accidentes en las vías o incendios forestales.

En 1969 André piloteaba un monomotor y se estrelló. Sufrió 14 fracturas y perdió el uso de sus piernas. Tenía 29 años de edad y en su desespero pensó incluso en el suicidio. Con el apoyo de su esposa decidió rehabilitarse. Con tenaz perseverancia se ejercitaba más de 6 horas diarias y en seis meses salió de la clínica, cuando le habían pronosticado 2 años en ella. Sus colegas de vuelo nunca creyeron que volvería a pilotear un avión. Con su fe convenció a los escépticos.

Hoy en día los pilotos impedidos salvan en promedio una vida por día en Francia y nos invitan a elevarnos con la energía de la superación.

Tenemos luz propia

L a letra de una linda canción dice asi: "Me acuerdo que tú tienes tu luz propia", en el amor tomo conciencia de tus valores y de los míos, ni me anulo ni te anulo; te amo porque me amo. No vivo con luz prestada porque es fuerte mi autoestima. Así no sufro a causa de la posesividad o la independencia.

En mis relaciones brilla la claridad porque no escondo los talentos y, sin envidia, aprecio los de los demás. Me acuerdo que tienes luz propia y te acepto como eres, te respeto y te brindo mi apoyo para mejorar. Me acuerdo que tengo luz propia y elijo lo mejor sin lastimarme ni lastimar a otros. Sé que no soy basura, soy una maravilla.

El amor me depara hondas satisfacciones en el constante proceso de dar y recibir, como el agua que va del mar al cielo y del cielo al mar. Es un avance fantástico en la experiencia de ser lo que quiero, hacer lo que puedo y tener lo que necesito.

Etica y política

*E*n la politiquería reinante faltan hombres con el vigor y la ética de un Cicerón. Y por desgracia sobran seres de la fama y la vanalidad de Verres o Catilina. Con la elocuencia de la honestidad, el gran orador romano apabulló a ambos sinverguenzas, no obstante su poder.

Hoy necesitamos unirnos todos para que los humillados no sigan siendo los rectos, muchas veces ultrajados y asesinados. Todo lo que hacemos es político, incluido el silencio. No hacer nada es dejar hacer a los inmorales. Es un deber cívico asumir los compromisos que propician el bien común y la paz por la justicia social.

Ni Verres como gobernador de Sicilia ni el senador Catilina resistieron los juicios de Cicerón por su corrupción. Al restituir la ética a su sitial de honor habrá paz y equidad. Las catilinarias enviarán al destierro a los deshonestos.

Martín Luther King

Acausa de mi incorporación a la lucha por la libertad de mi gente, he conocido bien pocos días agradables en los últimos años. He sido apresado en Alabama y en Georgia doce veces. Dos veces han tirado bombas contra mi casa. No pasa día sin que mi familia y yo recibamos amenazas de muerte. He sido víctima de un apuñalamiento casi mortal. He sido, pues, batido en un sentido real por la persecución.

Confieso que a veces he creído que no podría soportar por más tiempo un fardo tan pesado. He sentido la tentación de retirarme a una vida más tranquila y serena. Pero cada vez que me asaltaba esta tentación había algo que me fortalecía en mi decisión. Ahora sé que la carga del maestro Jesús es ligera precisamente cuando nosotros lo seguimos y aceptamos el reto.

Testimonio de un hombre excepcional: Martín Luther King. Sin violencia logró grandes cambios. Un ejemplo de como armonizar fe y compromiso sociopolítico.

Valor de la bondad

*E*n el mundo habrá más risas que llantos cuando en la educación se de espacio a los valores y a la bondad. Es un error centrarse casi exclusivamente en el desarrollo de la inteligencia sin cultivar el espíritu.

Necesitamos seres pensantes, pero más falta hacen las personas llenas de humanismo y benevolencia. Prohombre no es el artista de moda, sino el ser bondadoso. Así fue Giuseppe Verdi: generoso y de gran corazón. Trataba por igual a todos, incluso a los así llamados inferiores. Con su afabilidad y nobleza evitaba siempre hacerles sentir una superioridad de la que no hacía alarde.

Se suele encontrar más humanidad en la mal designada gente baja que en los poderosos y los genios. Los pobres y los humildes no saben muchas cosas, pero saben vivir con esa sapiencia que nace de la dulzura y el amor.

Las manos de Dios

*L*a *historia de las manos de Dios* es una de las más sugestivas de Rainer María Rilke:

Dios encarga a sus sabias manos que hagan al hombre. Como en los juegos de niños les pregunta "¿ya?" Hasta que aparecen sucias de barro, cálidas y trémulas. "Tú le has dejado escapar", acusa la izquierda. "Tú querías hacerlo todo sola", replica la derecha. Al fin se unen para decir: ¡Era tan impaciente el hombre! A cada momento quería empezar a vivir. Nada pudimos frente a ello". La historia sugiere que el hombre se fue antes de tiempo y Dios se quedó sin saber cómo era. "A esto se debe que sea de urgente necesidad que Dios sepa cómo es en realidad el hombre".

El hecho es que el hombre aún está en creación, su misión es perfeccionarse, evolucionar y realizarse. Sólo unido a Dios el hombre llega a ser lo que puede ser: un milagro, una maravilla y un hijo de Dios.

Pasar haciendo el bien

S el faro del altruismo guía tu nave, llegarás al puerto de la felicidad. Sólo el amor nos realiza. Sé desinteresado y servicial para no vagar por la vida como un pobre insatisfecho. Amate a ti mismo y halla en el amor genuino a los demás esa alegría que no conocen los egoístas.

"Vivir para los demás no es solamente la ley de deber, sino también la ley de la felicidad". A. Comte. Aprovecha las oportunidades que a diario se te ofrecen para hacer el bien. Sé rico en buenas obras. Aprende de seres excelsos como Pedro Claver que sirvió con heroísmo a 300 mil esclavos. Vicente de Paúl dio su vida por los pobres. Juan de Dios se desvivió por los enfermos. Juan Bosco por los niños y los jóvenes.

Hombres que "pasaron haciendo el bien", como Jesús. Hechos. 10.38. Los santos son para imitarles, no para pedirles. Todos estamos llamados a ser santos: seres que viven para amar y para servir.

Ira

*L*a ira es necesaria para vivir bien. No como cólera, claro está, sino como sigla de independencia, realismo y apertura: IRA. Tres actitudes indispensables para madurar con una personalidad íntegra y saber convivir.

La independencia brota si eres libre y respetas la libertad ajena; sin posesividad y sin manipulaciones. Los seres que anulan y los que se dejan anular sufren y hacen sufrir. Valora tu autonomía y ten presente que el realismo nos permite huir de dos extremos: el idealismo ingenuo y el conformismo que paraliza. Cuando eres realista luchas por lo mejor sin soñar con lo perfecto: te aceptas y aceptas a los demás. La apertura te lanza a descubrir maravillas en un mundo sorprendente; te aleja de prejuicios y discriminaciones.

Con apertura aprendes de todos, borras el fanatismo y el dogmatismo. Eres un aventurero de la existencia. Para vivir más y mejor sé amigo de la IRA: Independencia, Realismo y Apertura.

El perro sabio

A prende a ver la vida en la perspectiva de los demás y al crecer en comprensión nacerá la concordia. Cuántas veces los contrarios nos revelan facetas desconocidas si valoramos sus ideas.

Hay una parábola de Jalil Gibran que nos muestra como cada cual tiene su parte de verdad: Cierto día un perro sabio pasó cerca a un grupo de gatos. Estaban muy entretenidos y no se dieron cuenta de su presencia. Se detuvo y vio como un gato grande y serio se levantó, miró a los demás, y dijo: "Orad, hermanos; y cuando hayáis rezado y vuelto a rezar, no tengáis ya dudas, entonces, en verdad, lloverán ratas del cielo".

El perro, al oír estas palabras, se rio en su corazón y se alejó diciendo: ¡Ah, gatos ciegos y locos! ¿Acaso no está escrito y no lo he sabido yo y mis antepasados antes de mí, que lo que llueve a fuerza de oraciones, fe y súplica, no son ratas sino huesos?

La paz es justicia

*D*enuncia del gran obispo brasileño Helder Cámara: "Hay situaciones cuya injusticia clama al cielo. Los caballos de un Jockey Club cuentan con mejores casas que los obreros que viven en chozas. Mientras los caballos tienen toda clase de atenciones, los pobres carecen de alimento, de agua y de luz".

Sobran las injusticias en la sociedad del derroche y la explotación. Y se dice: "¿Por qué no hay paz?" La violencia sólo se derrota con solidaridad. La violencia es hija de la inconsciencia y la apatía de muchos. Comparte para que la paz no sea un sueño, sé justo para que la violencia no sea una pesadilla.

Si no decimos "hermano mío", ¿para qué decir "Padre Nuestro?" La fe que Dios quiere es la hermandad. Tú eres instrumento de paz con la sensibilidad social y eres violento si eres injusto. Trae pues la convivencia pacífica, acabando con la miseria.

El fuego del hogar

Creí mi hogar apagado, revolví la ceniza y me quemé la mano". Inspiración de Antonio Machado. Versos sencillos del poeta español especialmente sugestivos para pensar en el amor hogareño.

Los romanos guardaban la hermosa costumbre de cuidar en casa el fuego destinado a los lares: los dioses tutelares de la familia. Avivar a diario esa lumbre a los dioses protectores del hogar, seguramente los motivaba a cuidar también su vida familiar. Puesto que muchas cosas están llenas de adornos, que en la tuya no falte el principal: el amor. Con la dedicación del alfarero moldea tu relación a base de cariño, verdad, entrega y comprensión.

Sé tolerante con las fallas, así como el artesano acepta trabajar con el barro y con amor lo transforma. Alimenta la relación con detalles y afecto, bondad y dulzura. Son buena leña para el fuego del hogar.

Grandes deseos

*U*na moderada ambición es mejor que la desidia. Es el motor que te saca del fango de la indolencia. El mal perjudica tanto al que codicia sin medida como al que carece de deseos y divaga sin metas.

Las personas exitosas tienen altos ideales y luchan con denuedo por alcanzarlos sin ceder ante los obstáculos. Alcanzan sus metas donde los apocados o impacientes se rinden. La victoria es del perseverante. No levantes castillos en el aire, pero sal de la fosa de la apatía con las alas de la esperanza. Para el pusilánime el cielo es oscuro. No brillan para él las más rutilantes estrellas: los ideales.

Descubridores como Vasco de Gama y Magallanes vencieron el escepticismo de muchos y los obstáculos, gracias a sus grandes anhelos. Navegaron por mares que se creían plagados de engendros y monstruos y se enfrentaron con fe a lo desconocido.

Bondad no es bobada

Serios problemas nacen de confundir el amor con la alcahuetería y la bondad con la bobada. Cuántas lágrimas por no aprender a decir "no", por no exigir, por decirle "pobrecito" al irresponsable.

Cuántos sufrimientos por ceder siempre, por matarse por los demás, por tapar, por dejarse manipular. En suma, cuántos males con buena intención; son los peores por ser sutiles y no aceptados. Hay mamás que son profesionales del masoquismo: su vida es un calvario en el que cargan muchas cruces y deben aprender que ser bueno no es tolerar que abusen de uno.

Jesús fue manso con los malos arrepentidos, pero severo con los soberbios fariseos. El amor y la bondad no son sólo dulzura y tolerancia, sino que piden disciplina y firmeza. Quien ama sabe ser estricto. El bueno se hace respetar mientras el bobo se hace alfombra para que lo pisen.

El arte de amar

Según Jalil Gibran "el amor que no está brotando continuamente, está muriendo continuamente". Hacer del amor una eterna conquista es el mejor ideal para conservar fresca y firme una relación. Si una relación no se renueva constantemente, la mata la plaga de la rutina.

Ilumina tu amor con la creatividad. Las parejas felices se abren a nuevos horizontes, descubren nuevas experiencias, no hacen siempre lo mismo del mismo modo. Las parejas felices se enamoran cada día, aprecian los detalles y cuidan con esmero su relación. No se dedican únicamente a conseguir cosas; se dedican a cultivar el mejor arte: el arte de amar.

Un arte que, como todos, pide disciplina, paciencia, sacrificios, entusiasmo e interés. Las parejas felices valoran más la unión de las almas que la unión de los cuerpos. Viven para amar.

Karate

*K*arate significa literalmente "mano vacía", es decir, desarmado. Es una invitación a desechar las armas. Todos podemos hacer algo por el desarme aunque no sea total. Y lo prioritario es desarmar los espíritus.

Anula la agresividad en tus gestos y tus miradas. No seas violento con los ultrajes y los agravios y sé un agente de unidad. Vive para el amor, no para el odio y lucha sólo por la convivencia pacífica. En tu íntimo ser nacen la paz o la guerra. "El corazón de la paz es la paz de los corazones". Juan Pablo II.

El tesoro de la concordia vale más que mil cofres de oro. A más serenidad menos violencia. Ten las manos vacías de armas y llenas de justicia y buenas obras. La equidad impide las guerras. Si hay paz en tu corazón habrá paz en el hogar; si hay paz en los hogares, habrá paz en la nación.

Estrenar dones

*E*l gran escultor francés Augusto Rodin fue rechazado tres veces en la escuela de artes por "falta de talento". Como se tenía confianza y lo movía la determinación, esas negativas no fueron un freno para su carrera.

Cuando tengas razones válidas para hacerlo, debes persistir en alcanzar las metas fijadas. Sólo se llega al tesoro de la autorrealización con un "ábrete sésamo": perseverancia y entusiasmo. Valores que se fortalecen con la confianza en los propios talentos. Usa tus dones, no los entierres. Si no te aprecias ¿quién te amará? si no confías en tus capacidades, ¿quién confiará en ti?

Si vas a la deriva en el océano del desengaño, no es por falta de talentos, sino de motivación. No te mueras sin estrenar tantos dones. Toma el timón y enrumba tu barca hacia el éxito con perseverancia y entusiasmo.

Abogado del diablo

Abogado del diablo es aquel que indaga sobre posibles fallas graves en un candidato a la canonización. Investiga su vida para evitar que sea declarado santo un ser indigno. De ahí su ingrato nombre.

A su vez, alguien a quien se llama Postulador destaca todo lo positivo y laudable del posible santo. Disfruta unas buenas relaciones humanas como postulador de las virtudes ajenas, no como abogado del diablo. No asumas el fastidioso papel de tener ojos sólo para las faltas. Peor aún si caes en el chisme. Ayuda a los demás a corregir sus errores alabándolos primero por sus aciertos y sus buenas acciones.

Como padre, educador o superior lograrás maravillas si sabes elogiar antes de amonestar. Si en el hogar no eres abogado del diablo, valorarás lo bueno y se dará una armoniosa convivencia.

El bien que no se hace

Aquel que sabe hacer el bien y no lo hace, comete pecado", dice Santiago en su Carta 4.17. La omisión puede causar más perjuicios que la mala acción.

Hay mucha oscuridad por tanto bien que no se hace; por cariño que no se brinda, perdón que se niega, diálogos que se evitan, bienes que no se comparten. Quizás en tu hogar las crisis nacen del amor que no das y no tanto de tus errores o caídas. Anímate a hacer todo el bien que puedas e interésate por llenar tu día de buenas acciones.

No muere una planta si le haces el mal al herirla, pero se marchita si dejas de regarla. Así pasa con la planta del amor: se seca por falta de cuidados, detalles, ternura y comunicación. Se peca de dos maneras: haciendo el mal, no haciendo el bien. Haz, entonces el bien y deja de hacer el mal.

Camino al andar

Se calcula que el ser humano camina durante su vida unos 120 mil kilómetros. Tres veces la vuelta a la tierra. Recorremos largas distancias, pero a veces no damos un paso para ayudar al que nos necesita.

Prójimo no es sólo quien está próximo a mí, es más bien, aquel a quien yo me aproximo con amor. Un amor desinteresado que acaso me obligue a cambiar mi programa, como lo hizo el buen samaritano: Lucas. 10. 29-37.
Esos sacrificios que pide el amor, son los que hay que hacer y no los de una ascesis masoquista. Somos caminantes, y eso implica esfuerzo y búsqueda. Unicamente los conformistas dejan de avanzar.

Para el creyente judío "Buscar a Dios" y "Seguir sus Caminos" era el ideal de una fe auténtica. Son expresiones que identifican en la Biblia al hombre justo, al que hace la voluntad de Dios. Serás feliz si tus caminos son los caminos de Dios.

Valores espirituales

*E*l líder sindical polaco Lech Walesa es un dechado de fe, perseverancia y valores humanos: "Mi vida espiritual y religiosa me permiten situar debidamente en mi propia escala de valores los problemas con los que me enfrento. Con frecuencia hago hincapié en la dimensión espiritual. Esto permite un reordenamiento interior gracias al cual se recompone uno por referencia a lo esencial".

Hermoso testimonio de un auténtico líder, el cual aparece en las últimas páginas de su libro. *Un camino de Esperanza.* Polonia goza ahora un amanecer de luz tras 45 años de noche oscura bajo el régimen comunista. Walesa reconoce que la vivencia espiritual y religiosa han sido la mejor ayuda para él y su pueblo.

Gran apoyo en lo que él llama un "Camino largo y difícil que me ha costado muchos años y no pocos sudores". En horas de crisis y desconcierto, el ejemplo de Walesa y Polonia nos llama a valorar la fe y la honestidad.

Trébol de la felicidad

Cultiva en tu corazón el trébol de la felicidad. Sus tres hojas son amor, alabanza y alegría. Amas cuando reconoces lo bueno de los demás y los elogias por sus cualidades y buenas acciones. La alabanza sincera tiene un poder motivador incalculable. El estímulo logra maravillas. Una de ellas es la alegría que inunda el espíritu de aquel a quien alabamos.

Amor, alabanza y alegría son tres luceros que disipan la oscuridad familiar. Sé generoso para destacar lo positivo. Todo es más fácil cuando no somos ciegos para la bondad y la belleza. Si amas, alabas; si alabas, alegras. El amor se afianza con el estímulo. Las palabras galantes enamoran.

El gozo no se irá de tu hogar si sabes reconocer los aportes ajenos en lugar de sólo criticar sus errores. La "Fórmula A3" es el mejor remedio para una relación enferma. Hay concordia con amor, alabanza y alegría.

Fe y esperanza

César Vallejo el gran poeta peruano canta así: "¡Hay golpes en la vida, tan fuertes... Yo no sé!", y añade: "Abren zanjas oscuras en el rostro más fiero y en el lomo más fuerte". ¿Cómo superar tales embestidas? Con una fe sólida, con calma y entereza, con sencillez para buscar ayuda.

Siendo realista sufres menos en las crisis. Luchas por el triunfo, pero sabes aceptar la derrota. Conforta mucho una actitud esperanzada que nos libere del pasado triste y nos lance a un porvenir gozoso. "No empieces el día de hoy con las espinas de ayer". Si ya no puedes bajar más, empieza a subir. Sólo la riqueza espiritual te salva ante esos golpes fuertes.

No vivas aferrado a lo material. Sea Dios tu alcázar y tu refugio: "Tú eres mi esperanza, Señor, mi confianza desde mi juventud". Salmo 70. Los valores espirituales y morales son los mejores aliados en los momentos sombríos.

Fe y amor

Cuarenta balines incrustados en el cuerpo; riñón, hígado e intestinos lesionados. Grave diagnóstico para el ciclista Greg Lemond en 1987. Más tarde problemas por apendicitis y tendinitis. Una mala racha que hizo pensar en su retiro.

Pero él con su fe y su entusiasmo ganó la competencia más importante al vencer el desánimo y el derrotismo. Por eso, contra todos los pronósticos, en 1989 se coronó como campeón del Tour de Francia y campeón del mundo. Con determinación y perseverancia logramos metas insospechadas. Los animosos muchas veces hacen posible lo "imposible". La actitud mental positiva nos mueve a derribar barreras que únicamente existen en la mente de los apocados.

Eres rico más por la fe y los valores espirituales que por el dinero y las cosas que acumulas. Ten la certeza de que la fe y el amor son las palancas que mueven el mundo y te acercan al éxito.

Nuestros actos influyen

*T*us actos positivos o negativos tienen un alcance que acaso no imaginas. Su irradiación es amplia. Como sucede al arrojar una piedra en un remanso y ver crecer las ondas en círculos concéntricos

Según un gesto sea bondadoso o malévolo, lleva paz o frustración a quien lo recibe y a quienes llegue después. Al hacer feliz a alguien él multiplicará ese gozo con muchas personas. Igual acaece con el mal. Anímate, pues, a iluminar tu vida y la de los otros con nobles acciones. Afánate por amar y servir. Cuando amas no te contentas con no hacer el mal, sino que te inquietas por hacer siempre el bien.

Según un proverbio ruso "Un hombre bueno es el que hace mejores a los demás". No basta con rezar. Motívate al saber que a muchas personas llegan los efectos del amor que brindas y la paz que transmites.

120 superestrellas

*E*n 1982 la Universidad de Chicago publicó un estudio de cinco años sobre 120 superestrellas: los mejores en su campo. Triunfadores de múltiples profesiones en quienes se descubrieron interesantes constantes.

En todos fue decisiva la influencia de un buen hogar gracias al papel de padres afectuosos e inteligentes. Papás que elogiaban mucho a sus hijos por sus esfuerzos y sus logros, pero sabían corregirlos y ponerles límites. Los hijos se enamoraron de actividades al ver a sus padres desarrollarlas con entusiasmo.

El éxito no fue gratuito: durante un promedio de 10 años dedicaron más de 25 horas semanales a su actividad. Muchos tenían hermanos con más capacidades, pero carentes de tesón y voluntad. Superaron mil obstáculos. Estas superestrellas no eran seres con dotes especiales, sino con un gran amor por su trabajo y con mucha dedicación.

El labriego inconforme

Quiero morir, repetía un labriego quejumbroso mientras cargaba un fardo de leña. Su asombro fue mayúsculo cuando la parca se le apareció ante su insistentes súplicas. ¿Para qué me llamas?, dijo la muerte. Sólo para que me ayudes a llevar la leña, musitó el buen hombre.

No es loable conformarse con todo sin luchar por mejorar, pero es peor ser un eterno insatisfecho. Aprecia tus talentos para no morir de pesimismo. Da gracias por poder pensar, amar, sonreír y aprender, por tus sentidos y por todo... El inconforme olvida que millares de seres están en situaciones más deplorables.

Vives mejor si no te concentras sólo en lo negativo y admiras jubiloso lo bueno y lo positivo. "Desnudos nacemos y todo lo demás que tenemos es ganancia", reconocía un campesino jovial.

Amor y amistad

*E*res feliz y das felicidad cuando avivas el amor y la amistad con valores espirituales: *La comprensión* que te ayuda a perdonar, a dialogar y a convivir en paz y alegría. Sin comprensión no hay amor que dure.

La sinceridad como fuente de la confianza. Si eres amigo de la verdad evitas sinsabores y dudas.
El desinterés, que te impulsa a dar sin mezquindad. Amar es servir y compartir generosamente.
El respeto que te permite aceptar al otro como es, sin manipularlo, ni anularlo, sin hacerlo a tu imagen.
La fe para darle el amor y la amistad una dimensión trascendente y espiritual. Amar es creer lo mejor del ser amado.
La esperanza como manantial de altos ideales, como energía para madurar y ser más.
La amistad y el amor se afianzan con los detalles, el elogio sincero, la dulzura y el cariño.

Amor, fe y alegría

*P*rocura más bien hacerte amar que hacerte obedecer. Consejo de San Juan Bosco a los educadores. Este gran santo y pedagogo lograba maravillas en los jóvenes al equilibrar la severidad y la flexibilidad. Con su proverbial bondad se ganaba el cariño de los discípulos y así podía exigirles grandes cosas.

Juan Bosco nos enseña que en un ambiente de sincero amor la educación logra los mejores frutos. Un amor fortalecido por la fe e iluminado por la alegría: tres amigos de la buena formación. Con un amor comprensivo, una fe viva y una alegría sana, el santo cambiaba a los más díscolos y rebeldes. Cultivemos esos valores para enriquecer una información académica con una formación humana y espiritual.

Un refrán nos recuerda que se cazan más moscas con un dedal de miel que con un tonel de hiel. Amor, fe y alegría son la mejor ayuda para inculcar valores morales y espirituales en la educación.

Cada vez más con menos

*E*n cierta ocasión le preguntaron al Che Guevara qué definición daba él del socialismo, y dijo: "El socialismo tiene sentido si purifica a los hombres, si los lanza más allá del egoísmo, si los salva de la competencia y de la codicia".

Tiene que ser violenta una sociedad en la que cada vez son menos los que tienen más, y más los que tienen menos. Evita el consumismo desaforado. Te lleva a "confundir la personalidad con un auto, la dignidad con un cigarrillo y la felicidad con una salchicha". Eduardo Galeano.

Sé libre ante una moda que esclaviza: no eres más por usar unos jeans ni por tomar determinada gaseosa. Hay inseguridad y conflictos en la sociedad del tener; hay armonía en la sociedad de la equidad. Tu misión es hacer real la paz con acciones de justicia social. Cambia la codicia por comprensión y sé solidario.

Trabajo y familia

*L*levar una vida plena es la primera regla del éxito, según un estudio hecho en San Francisco con 1.500 triunfadores. Para las personas de rendimiento óptimo el trabajo no lo es todo; valoran y cuidan su vida familiar.

Los diez más altos funcionarios de industrias sabían relajarse, no eran esclavos de la oficina, estimaban a sus amigos, dedicaban buen tiempo a su hogar. El maniático del trabajo rinde por un tiempo pero acaba por tensionarse y fracasar. Llevar una vida plena implica cuidar mente, cuerpo y espíritu y ser fiel a una recta escala de valores. Aviva tus relaciones familiares, sé amistoso, ora, medita. Relájate, practica algún deporte, ámate y ama.

Vivir sólo para trabajar y poseer es suicidarse lentamente. Disfruta del arte y la música; ama la naturaleza. Unas buenas relaciones con Dios y tus seres queridos te ayudarán a vivir más y mejor.

El hombre rico

*H*abía una vez un hombre rico que estaba muy orgulloso de su bodega y de los vinos que allí guardaba. Tenía una vasija de antigua cosecha, reservada para alguna ocasión que sólo él conocía.

El gobernador del Estado fue a verlo y el hombre pensó: "Esta vasija no será para un simple gobernador". Fue a visitarlo el obispo, pero el hombre se dijo: "No abriré la vasija; no sabrá apreciar su valor". Fue a su casa el príncipe del reino a cenar y el hombre pensó: "Es un vino demasiado regio para un príncipe".

Pasaron los años y el hombre murió y fue enterrado como cualquier semilla o bellota. Ese día la vasija, junto con los demás barriles, se abrió para los campesinos de las inmediaciones. Nadie advirtió su antigüedad. Para ellos todo lo sevido era simplemente vino. Parábola de Jalil Gibran.

Huellas en la arena

*U*na noche soñé que caminando por la playa con Dios, se proyectaban muchas escenas de mi vida. En cada cuadro veía huellas de pisadas en la arena, a veces de dos personas, en otras sólo de una.

Observé que durante los períodos más difíciles de mi existencia se marcaban las huellas de una sola persona y dije:
-Me prometiste, Señor, que siempre caminarías a mi lado, ¿por qué cuando más te necesité me dejaste solo? Y Dios respondió con dulzura:
-Amado hijo, cuando viste una sola hilera de pisadas en la arena era cuando te llevaba cargado en mis brazos".

Dios es un Padre amoroso que jamás abandona a sus hijos aunque pequen. Dios es el Buen Pastor que busca la oveja perdida. Su amor es siempre fiel. Es el hombre el que se olvida de Dios o se acuerda de El sólo en la necesidad. Confía en Dios y ámalo intensamente.

El criado y la muerte

*U*na mañana cierto mercader de Bagdad envió a su sirviente al mercado a comprar las provisiones del día. Al poco tiempo regresó pálido y tembloroso.

- Amo y señor -le dijo- en el mercado una mujer me empujó y cuando volví a mirarla era la muerte. Clavó en mí sus ojos con un gesto amenazante. Si te dignas prestarme tu caballo, huiré a Samatra y allí no me podrá alcanzar.
El señor le prestó el caballo, y el sirviente partió veloz como el viento. Entonces el mercader fue al mercado y logrando reconocer a la muerte entre la multitud le preguntó:
-¿Por qué hiciste un gesto amenazador a mi criado esta mañana cuando tropezaste con él?
No fue gesto amenazante, repuso ella, fue un gesto de sorpresa. Me extrañó verlo aquí en Bagdad cuando tiene una cita conmigo en Samatra.

El destino no está fijado de un modo fatal. Tú trazas el destino con lo que haces o dejas de hacer.

El resto de mi vida

¡*H*oy es el primer día del resto de mi vida! Sabio aforismo que fortalece mi esperanza. No malgasto energías viajando al ayer con la culpa y el rencor, ni al mañana con la preocupación. Disfruto plenamente el único tesoro que tengo en mis manos: el ahora, el presente que se me escapa.

No permito que el desaliento o la autocompasión me paralicen. Me lleno de entusiasmo y motivación. Borro la rutina, busco nuevas metas, aprecio mis talentos, admiro tantas maravillas. ¡Vivo! Soy paciente conmigo y con los demás. Soy fiel a los valores del espíritu y a los principios éticos. ¡Hoy es el primer día del resto de mi vida!

Aprovecho toda ocasión para hacer el bien. Sé que soy el artífice de mi destino y el creador de mi buena o mala suerte. Cosecho lo que siembro y si cultivo pacientemente obtengo excelentes frutos.

Crisis que sirven

*U*n discípulo le preguntó al rabino Baalschem: ¿Por qué cuando uno se adhiere a Dios y sabe que está cerca, a veces experimenta como una separación o lejanía de El? El maestro judío dio la siguiente explicación:

Cuando un padre trata de enseñar a su hijo a andar, procede de esta manera: lo coloca primero delante y pone sus manos a ambos lados para que el pequeño avance hacia él entre sus manos protectoras. Cuando el niño está llegando a su padre, éste se aleja un poco y aparta de nuevo los brazos, y así sucesivamente hasta que el niño aprende a andar.

Hermosa respuesta que nos ilumina para comprender el misterio del amor hecho de presencias y ausencias. En el amor divino y humano se viven esas "noches oscuras" de que hablaba San Juan de la Cruz. Si afrontas esas crisis purificadoras con fe y paciencia, la relación sale fortalecida de ese crisol.

Dios no envía males

*I*nvoca a Dios, pero no navegues junto a los escollos, es un dicho de los marineros. Util para aquellos que delegan todo a Dios para evadir responsabilidades y no hacer nada. Dios jamás hará por nosotros lo que a nosotros nos toca hacer. No es un Padre alcahuete.

En una canción José Luis Perales le pregunta a Dios: "¿Dime por qué el mendigo de la calle? ¿Por qué las manos inactivas?" El mal no procede de Dios, sino de nuestra maldad. El respeta la libertad que nos dio. San Agustín decía que la oración no es para que Dios haga cosas, sino para que las hagamos nosotros. Debe ser energía y paz para que nos movamos a hacer el bien y evitemos hacer el mal.

El mal no procede de Dios, sino del mal uso de la libertad. Elige, pues, sabiamente lo mejor, tanto para ti como para los demás.

¿Más ricos o más pobres?

*E*n cierta empresa, ante el clima de animadversión, el gerente propuso este trato a los empleados: "Para acabar con la intriga y la crítica destructiva, daré un dólar a quien hable bien de un compañero, y quitaré igual cantidad por cada frase negativa y malévola". Y añadió: "Dentro de un tiempo apreciable, ¿cómo estarán ustedes?, ¿más ricos o más pobres? En nuestro caso, ¿qué sucedería? ¿vivimos para unir o para dividir? ¿somos artífices de concordia o de discordia? Tu vida es amable si eres bondadoso y servicial. Sé generoso al apreciar las cualidades ajenas. Contribuye a crear un clima favorable con el amor y la delicadeza. Se convive mejor con respeto y tolerancia.

Sé luz del mundo con la afabilidad y la firme decisión de bloquear el chisme y la crítica inhumana. Al esmerarte por ser simpático y benévolo alegras tu vida y la de los otros.

El sabio y los caminantes

*U*n sabio dialoga con su discípulo en un cruce de caminos. Llega un viajero y le pregunta:

-He dejado mi aldea y quiero radicarme en el pueblo más cercano; ¿cómo son sus habitantes?

-Primero dime ¿cómo eran los que abandonaste?

-Egoístas, falsos e insoportables.

-Así son los que vas a encontrar, repuso el sabio. Prosiguió la charla y más tarde llegó otro caminante que preguntó lo mismo, con idéntica respuesta:

-¿Cómo eran los moradores del lugar que dejaste?

-Personas buenas y con más cualidades que defectos.

-Así son los que vas a hallar, le dijo el anciano. Al marcharse el viajero, preguntó intrigado el discípulo:

-¿No es contradictorio responder así a ambos?

-No, contestó el sabio; a cada cual lo van a tratar según como él trate a los demás.

El curso más breve de relaciones humanas está en regla de oro: Trata a los demás como quieres que te traten a ti.

Crecer en sencillez

*E*l poeta francés Víctor Hugo recibió en cierta ocasión una carta con este único destinatario: Al más grande poeta de Francia. Sin abrirla la hizo enviar a Lamartine. Este, con igual modestia, la devolvió a Víctor Hugo.

No sabemos cuántas veces hizo la carta el mismo viaje. Finalmente uno de los dos la abrió y vio con estupor que la misiva iba dirigida a Alfredo de Musset. Los seres realmente valiosos siempre brillan por su sencillez. No son altivos ni engreídos. Viven esa humildad que Santa Teresa definía así: "Humildad es andar en verdad". Reconocen sus talentos y sus fallas.

El orgullo nos bloquea para muchas buenas obras; nos impide dialogar, perdonar y pedir perdón, amar y servir. La soberbia trae consigo el desprecio de los demás y es fuente de discordias y tensiones. Crece en humildad y disfrutarás de paz y felicidad. "Procede con humildad y te querrán más que al hombre generoso". Eclesiástico. 3.19.

Vicente de Paúl

*H*ijo de unos humildes granjeros, Vicente de Paúl cambió un carácter belicoso y colérico por otro dulce y afable. Lo logró con dedicación y fe: "Sin la gracia de Dios me habría dejado llevar de mi temperamento duro, áspero e intratable".

San Vicente se desvivió por los pobres con un amor incansable. Su religión fue de obras que aún hoy perduran. No hay violencia con seres como Vicente, entregadas a hacer digna la vida de los empobrecidos por la justicia. Viviríamos mejor conociendo a los santos antes que averiguando chismes de actores o ídolos frívolos. Los primeros atraen a lo sublime, los segundos arrastran a la degradación y la bajeza.

La vida cautivante de un hombre que lucha contra la miseria es el mejor medio para atraer a los valores. San Vicente de Paúl nos impulsa a tener sensibilidad social como camino ideal para lograr la paz.

Historia hindú

Cuenta la leyenda que en la India el espíritu de la peste pasó junto a un sabio gurú quien le preguntó:
-¿A dónde vas?
-A la ciudad de Benares a matar un centenar de personas, respondió el espíritu.
Más tarde el gurú oyó que en Benares habían muerto miles de personas. Al pasar el espíritu de vuelta le dijo:
-Mentiste al afirmar que cien personas iban a morir de peste.
-No, repuso éste, yo maté a un centenar. El temor mató a los demás.

Con frecuencia el miedo hace más daño que la causa real o ficticia que lo origina. Vences el miedo al enfrentarlo. No seas propagador de oscuros presagios, ni contagies el pánico como ave de mal agüero. Di más bien: "Señor, que yo siembre fe donde haya duda, y esperanza donde haya desesperación".

"El miedo se halla siempre dispuesto a ver las cosas más feas de lo que son". Tito Livio. En tiempos de crisis sé fuente de ánimo para todos, habla de lo positivo y derrocha entusiasmo.

Fe y confianza

*E*n los días oscuros, cuando tienden a reinar la angustia y el desespero, aviva la confianza. Seres como Gandhi y Luther King lucharon en situaciones críticas y adversas con la fuerza del amor y la fe.

El cristianismo resistió con bríos 300 años de persecución que acrecentaron las virtudes. Se hizo entonces popular esta convicción: "La sangre de los mártires es semilla de nuevos creyentes". Asume las dificultades con actitud positiva; ellas te ayudan a madurar y a aquilatar los talentos. "Las dificultades sacan a relucir cualidades que, en circunstancias más afortunadas, seguirían dormidas". Horacio.

Recuerda que con fe, esperanza y amor, cada dificultad se convierte en una oportunidad. Los valores éticos y espirituales te dan ánimo y coraje para esperar la primavera en el crudo invierno.

Plan 10-10

*E*n lugar de decir: "¿Por qué me irá tan mal?", di: "¿Por qué dedico tan poco tiempo a la fe, a Dios y a lo espiritual?" Si no eres un creyente practicante (es imposible ser creyente sin practicar), lo extraño es que no te vaya peor.

Visita la agencia de viajes de Dios y aprovecha el estupendo "Plan 10-10" para orar y hacer el bien. Este plan te da vuelos gratis a un mundo fantástico: tu mundo interior. 10 Minutos de oración-relax en la mañana y 10 minutos de más meditación en la noche. Las instrucciones de vuelo las tienes en la Biblia: Mateo 6.5-14 y se te pide dedicación.

Que sea un hábito diario cerrar tus ojos y sentir la presencia de Dios para amarlo, pedir perdón y darle gracias. Los frutos serán tan buenos que poco a poco pasarás al plan 20-20 o al plan 30-30, y dirás, ¡cómo me va de bien!

Buscar la oveja perdida

*D*efinición que aparece en el Diccionario Larousse. "Diálogo: Conversación entre varias personas". No implica transigir ni claudicar. Por lo mismo, hay que conversar con todo el mundo como medio para el cambio y la concordia. Y es con los que llamamos malos con quienes más necesitamos hablar para buscar lo mejor, nosotros que tampoco somos los buenos.

A Jesucristo lo criticaron por dialogar con los pecadores y dijo: "No vine por los sanos, sino por los enfermos". Como dialogar no es ceder en principios fundamentales, tenemos que "buscar la oveja perdida". Algunos se cierran al diálogo como si ellos no fueran también inmorales y deshonestos. Si alguien acepta apartarse del mal y asume el justo castigo por sus delitos, fallamos al cerrarle las puertas.

En todas las religiones se nos invita a perdonar y a darle al que yerra una nueva oportunidad. El mérito no es dialogar con los justos, sino con los injustos.

Los dos reclusos

Dos reclusos estaban en un oscuro calabozo al que sólo entraba un poco de luz por un ventanuco en la parte alta. Cierto día se pusieron de acuerdo para mirar hacia afuera subiéndose cada uno en los hombros del otro.

Subió el primero y de inmediato bajó malhumorado y renegando. Trepó el segundo y casi que no baja, feliz y entusiasmado. Le pregunta el segundo al primero: "¿Qué viste?" "Basura, estiércol, un sitio inmundo y repugnante", dijo. Y añadió: "Y tú ¿por qué bajaste tan contento?" "Porque el cielo se veía azul, las aves revoloteaban y admiraba el sol, las nubes y el horizonte".

Ambos miraron por el mismo tragaluz, pero uno lo hizo hacia arriba y el otro hacia abajo. Contempla la vida con una mirada de fe y confianza. Alza los ojos para levantar también el corazón. Observa todo con optimismo y siempre hallarás razones para la esperanza y la alegría.

Ejemplo de las pulgas

*U*n investigador encerró varias pulgas en una caja con tapa de cristal para observarlas. En un inicio saltaban con insistencia hasta la cubierta superior buscando la salida. Después sucedió lo inesperado: retiraron la tapa y vieron que las que aún saltaban lo hacían sólo hasta la altura donde suponían que estaba la cubierta. Otras se habían cansado de saltar. Estas se habían conformado con su prisión mientras las otras se habían creado un freno imaginario.

A veces los límites no están en la realidad, sino en nuestra mente, y nos falta arrojo y audacia para superarlos. Nos anclamos en una medianía sofocante y nuestras metas son pobres por falta de lucha y decisión.

No te quejes de la vida o de la mala suerte. Anímate a vencer los complejos y la indolencia. Puedes rendir al máximo si sales de una prisión cuyos barrotes son la pereza, el pesimismo y la mediocridad.

Si yo cambio...

*E*n lugar de alfombrar todo el mundo para no tropezar, es más fácil que te calces unas zapatillas. Así dice un sabio adagio popular. Te conviene cambiar tu modo de pensar y ver las cosas, en lugar de pretender que todo se adapte a ti.

Se sufre y se hace sufrir por no cambiar la "programación" que tenemos en la mente. Hay realidades que podemos cambiar, pero ante otras lo sabio es crecer en adaptación y realismo. Algunos se quejan de que la vida es complicada, cuando los complicados son ellos con sus errores. Cuántos enfados por insistir en que todo funcione según su amaño; por no respetar a los demás. Cambia tú para que cambien los demás.

Acéptate por poder aceptar a los otros. No digas: "Me hicieron rabiar" o "esto me saca de quicio". Di mejor: elegí airarme por esto o aquello. Deja de culpar a otros. Sé sincero y honesto al reconocer que eres el resultado de ti mismo.

Primero el hogar

*U*n ejecutivo andaba afanado buscando por
todos los medios el arreglo de una máquina que
estaba fuera de servicio. Se acercó su secretaria
y le avisó que lo llamaba la esposa porque su
hija se había accidentado y tenía más de una
fractura. Su única respuesta fue: "Diga que la
lleven al médico". Y siguió enfrascado en el
problema de la máquina.

Qué triste es la vida de los que valoran más
las cosas que las personas. Sufren y hacen
sufrir sin ser felices. Son pobres porque lo
material es su única riqueza. Saben ganar
dinero, pero no saben amar ni ganar amigos. Si
el materialismo te ciega, abre los ojos y en una
recta escala de valores: ama más lo espiritual
que lo material, más a las personas que a los
objetos, más lo interior que lo exterior.

Crece en humanismo para que goces de un
corazón bondadoso y sereno. Dichoso eres
cuando tu hogar está primero que tu trabajo,
cuando amas y cuando te esfuerzas por amarte.

Aquí y ahora

Cuentan que un indio, condenado a muerte, escapa y como lo persiguen de cerca sube a un árbol colgado sobre un precipicio. Abajo lo esperan sus guardianes y no tiene escapatoria. De pronto descubre que el árbol al que se subió es un manzano. Entonces coge los frutos y se pone a saborear las deliciosas manzanas.

Esto se llama disfrutar el presente y vivir el hoy plenamente. Una clave de la felicidad. Sé sabio y aprovecha al máximo el ahora sin culpas por el ayer ni angustias por el mañana. Aprende de los romanos que se guiaban por esta máxima *Hic et Nunc: Aquí y ahora.*

El pasado ya está muerto y el porvenir no ha llegado. Importa el presente para vivirlo con avidez en el lugar donde estás. No te pierdas las maravillas de la vida por un viaje estéril al pasado o al futuro. ¡Vive hoy y aquí!

Un milagro

*T*om Dempsey nació sin medio pie derecho y con un muñón por brazo derecho, pero desde niño quiso jugar fútbol americano. Durante días y días, con una tenacidad ejemplar, practicó tiros libres dándole al balón con un pie de madera.

Llegó a ser tan hábil que fue contratado por el equipo los Santos de Nueva Orleans. La euforia de 66.910 aficionados llegó al clímax cuando Tom, con su pierna tullida, batió un récord con un tiro libre de 60 metros. El tiro libre más largo jamás efectuado por otro jugador hasta entonces, con el cual los Santos ganaron a los Leones de Detroit, por 19 a 17.

"Hemos sido derrotados por un milagro" confesó Joseph Schmidt, entrenador del equipo de Detroit. Ese milagro se dio por la determinación de Tom, su fe en Dios y su perseverancia. La grandeza la alcanzan los que luchan sin tregua, con fe en Dios, con ansias de superación y con un entusiasmo desbordante.

Buenas acciones

Si quieres que el país cambie, no te limites a lamentarte, haz algo. Con quejas y críticas aumentas la oscuridad; con buenas obras brilla la luz. Anímate a dar claridad con actos de amor.

Sea cual fuere tu religión, hazla viva con buenas acciones, porque la fe se conoce por sus frutos. Practica las obras de misericordia, y al acabar con la injusticia nacerá la concordia. Comparte con el pobre, alegra al triste, anima al abatido, fortalece al débil, comprende al que yerra. Cada gesto de amor es un paso hacia la paz. Dios es amor y en los demás espera que le ames.

Usa el uniforme del buen creyente: "Revestíos de entrañas de misericordia, de bondad, humildad, mansedumbre y paciencia". Col. 3.12. Tu vida será plena y atrayente si con sentido de misión sirves y amas desinteresadamente. Con buenas acciones borras de tu diccionario la palabra frustración.

Oasis familiar

*E*n Gran Bretaña se hizo un estudio de 250 familias, con una conclusión inquietante: la mayoría de los niños menores de seis años preferían las pipas, cajetillas y encendedores a los juguetes.

Está demostrado que los niños son imitadores de los padres y, por lo mismo, fumadores o bebedores desde la cuna. Se educa más con los hechos que con las palabras. El niño ora si los padres lo hacen, es grosero si ellos lo son. Los padres logran maravillas cuando tienen paciencia para sembrar con el ejemplo, valores y sanos principios. Eso pide dedicar a la familia lo mejor de sus dones y sus afanes.

Que el hogar sea un Oasis, aún con las dificultades normales. Que no sea la "familia hotel" para comer y dormir como extraños bajo el mismo techo por ausencia de diálogo. Que no sea la "familia cuartel" donde se es inflexible con las reglas y reina el autoritarismo. Con dulzura, respeto y comprensión padres e hijos pueden tener el mejor tesoro: una familia unida.

Realismo

"Vivimos en una época de decadencia. Los jóvenes ya no respetan a sus padres, son groseros e impacientes. Frecuentan las tabernas y no saben dominarse". Leyenda en una tumba egipcia de hace más de 40 siglos.

No todo tiempo pasado fue mejor. Toda época tiene sus luces y sus sombras. Es bueno mirar hacia atrás para ver de dónde venimos y cuánto hemos avanzado en muchas áreas. Una perspectiva histórica nos ayuda a relativizar juicios pesimistas y a ser positivos. Somos impacientes y anhelamos que ya se solucionen todos los problemas y el suelo sea un cielo. Ni el mismo Dios hecho hombre arregló todos los conflictos.

Hay que luchar con realismo: el equilibrio entre un optimismo ingenuo y un pesimismo enfermizo. Buscar lo mejor sin esperar lo perfecto. Lucha con arrojo por cambiar lo que se puede cambiar y acepta con serenidad lo inevitable: esto es saber vivir.

Fin del mundo

Origen del universo: hace 10 mil millones de años. De la vida: hace mil millones. De los animales: 500 millones de años. De los antropomorfos: hace un millón de años. De las primeras civilizaciones: hace sólo diez mil años.

En el proceso evolutivo del universo, que no excluye a Dios, el hombre lleva muy pocos años. Apenas está empezando a conocerse y a ubicarse: por eso decía Conrad Lorenz: "El hombre aún no ha llegado". Es muy sensato mirar la evolución en su recorrido para no dejarse asustar por los que viven anunciando el fin del mundo. Las señales que toman como pruebas siempre han existido: guerras, pestes, divisiones, cometas y olvido de Dios.

Además, Dios no va a destruir un mundo que El creó bueno. Es un Padre amoroso, no un terrorista ni un sádico.
En lugar de dejarte atemorizar con falsas interpretaciones bíblicas, anímate a perfeccionar el mundo que es bueno por ser obra de Dios.

Esposa histórica

*D*os maridos hablaban de sus respectivas esposas. Uno de ellos dijo que cuando él y su mujer discutían ella se ponía histórica.

-Querrás decir histérica, le dijo su amigo.

- No, histórica: siempre me saca a relucir todo el pasado.

Eres histórico cuando no perdonas o dices que lo haces, pero archivas las ofensas. Cancela en la pantalla de la mente los agravios y haz esfuerzos por borrarlos de la memoria. Si te es difícil, basta con que renueves el perdón ante el recuerdo. El rencor nos impide ser felices. El resentimiento suele causar más daño que la ofensa.

Una triple mirada te ayuda a perdonar:
A Dios, para aprender de su misericordia y contar con su ayuda.
A ti mismo, para ver tus fallas y caídas.
Al ofensor, para comprenderlo en sus debilidades y entender los motivos de su mala acción.

Vence el egoísmo y el orgullo para perdonar con generosidad.

Saber esperar

*N*o es cierto que el que espera desespera. Sólo desespera el que no lucha y cae en la pasividad. La auténtica esperanza es una virtud dinámica, nos pone en camino y mueve a la acción.

La esperanza es también una virtud realista; nos impide alimentar ilusiones y soñar con espejismos. Es un valor humano que se aviva con la fe y el amor y abarca tres áreas: esperar lo mejor de ti, de Dios y de los demás. Para fortalecer la confianza, cultiva altos ideales de servicio, de superación, de amor y de justicia. Para no desesperar sé realista y cuenta con los obstáculos y con eventuales derrotas. Perder un combate no es perder la guerra.

Perseveras cuando recuerdas logros anteriores y te motivas con las gestas de los grandes hombres. Para saber esperar "ora como si todo dependiera de Dios y trabaja como si todo dependiera de ti".

Crisis familiar

*T*oda crisis es un reto para cambiar y renovar.
Asumida positivamente deja excelentes frutos.
La crisis familiar, por ejemplo, nos pide abolir el
machismo y volver a los valores espirituales.

Tan responsable es la mujer, por el irrespeto y
el trato inhumano, como el hombre. En efecto, a
uno lo valoran si uno mismo se dignifica y se
hace apreciar por mucho más que la belleza
física. Hombre y mujer tienen este desafío: crear
unas relaciones de pareja con un amor
respetuoso y comprensivo. Amor que debe unir a
padres e hijos en el diálogo y la aceptación del
otro.

Vivir en un hogar feliz implica superar
problemas, matar el egoísmo y poder decir: hago
lo que es bueno, no "lo que me da la gana". En
todo hogar, cuando la fe se vive y Dios es un
amigo constante, o no hay crisis graves o estas
son fugaces.

Somos a rayas

*E*n cierta ocasión un predicador preguntó a un grupo de niños: "Si todas las personas buenas fueran negras y todas las malas personas fueran blancas ¿de qué color serían ustedes?" Cada niño escogió el color blanco o el negro según la opinión que tenía de sí mismo. Pero una niñita dio la respuesta más sabia: "Yo tendría la piel a rayas".

Así la tenemos todos los seres humanos en todas partes, incluidos los rectos y los justos. Cuídate de esos grupos religiosos en los que te hacen creer que eres del grupo de los "buenos y los santos". De ese fanatismo nacen el orgullo y el desprecio de los demás, y por ende los conflictos familiares y sociales. Muy mal tiene que estar un grupo en el que se denigra de los demás. Así hablan mal de sí mismos.

Donde brilla el amor no hay juicio ni condena. La religión es hermandad, paz, concordia y humanidad. No juzgues ni condenes. Recuerda que todos somos "a rayas".

Valores y bondad

*F*raguamos un porvenir radiante si al educar le damos más valor a la bondad que a la erudición. ¿Para qué tantos datos, cifras e ilustración si no sabemos amar, servir, creer y esperar?

Necesitamos sabios, guías espirituales, seres apacibles y amorosos, personas dulces y honestas. Es urgente enseñar la bondad con el ejemplo en el hogar y el centro educativo y trasmitir valores. Al recuperar la enseñanza religiosa, cívica y ética, alejamos el espectro de la violencia y la inmoralidad. Los seres perversos también se dejan seducir por la benevolencia. Hay que buscarlos con amor y no condenarlos con odio:

"Donde quiera que haya un ser humano, existe una probabilidad para la bondad", decía Séneca. Con un liderazgo espiritual podemos esperar que brille la luz en la tiniebla y el bien venza al mal.

Efecto bumerang

*E*l "efecto bumerang" se da en nuestros actos: su bondad o su maldad vuelven sobre nosotros. Dios ni premia ni castiga. Tú mismo atraes luz o sombra sobre ti según vivas para amar o para odiar. Es falso que a los malos les vaya bien y a los buenos les vaya mal.

Muchos no son tan buenos o tan malos como se creen o como los juzgan. Además, es injusto decir que a alguien le va bien o mal sólo a la luz del criterio económico. El inmoral tiene cómplices, no amigos; casas, no hogar; dinero, no paz; cosas, no felicidad. Ser bueno no es hacer actos de piedad y tomar malas decisiones. Sé bueno con inteligencia y sin ingenuidad.

Si no juzgas por apariencias verás que se cumple la ley de la compensación: cada cual recoge lo que siembra y cultiva. A la larga el mal no queda impune y el bien reporta felicidad. Algunos llaman bien al mal y mal al bien, son los que yerran al decir: "A los malos les va bien".

Ansias de superación

¿Cómo te sentirías si en tu casa los dos padres y los dos hijos fueran todos ciegos? Es la situación que vive María del Pilar Olazcoaga, quien dice: "¡Me siento feliz gracias a Dios!"

Esta joven de 18 años es de Medellín y desborda entusiasmo y optimismo. Se emociona al hablar de Dios como su mejor amigo. Lo siente en el corazón como presencia amorosa. Su invidencia y su pobreza no son un freno para ser excelente estudiante y servir a los demás. Ganó el primer premio en la Feria de la Ciencia, en 1989, frente a estudiantes de 4.500 colegios. Ideó una tabla práctica en braille para los elementos químicos. Fantástica ayuda para los ciegos, a nivel mundial, fruto de una mente creativa y de un corazón servicial.

A María del Pilar le queda tiempo para ir a un barrio lejano a catequizar a 12 gamines los fines de semana. Sus ansias de superación nos deben mover a ser agradecidos y a avivar el fuego de la esperanza.

Ideales

*L*ibertad, igualdad y fraternidad fueron ideales de la Revolución Francesa, ideales que aún debemos cultivar para vivir mejor. La auténtica libertad nace del justo equilibro entre los derechos y los deberes.

"En los últimos 300 años de civilización occidental se han ido desvaneciendo los deberes, mientras los derechos se han fortalecido. Necesitamos los dos pulmones. Tenemos que preservar el equilibrio entre los derechos y los deberes", escribió Solzhenitzyn. La igualdad que urge es la de oportunidades para todos, con el respeto a la dignidad humana de cada cual.

Hay fraternidad al proscribir todo lo que es inhumano, al derribar los muros del odio, el egoísmo y la injusticia. Sé un revolucionario, pero en el mundo de los valores: lucha por la igualdad, la justicia y la fraternidad, sin violencia.

Aprender de los niños

Como niños suspiramos por ser adultos; como adultos, retornemos a los valores de la infancia. Aprende de los niños a admirarlo todo y a maravillarte con lo pequeño. Deja la severidad y el rostro adusto, y procura ser alegre y descomplicado.

Los niños disfrutan la vida porque no la toman tan en serio y son ricos en espontaneidad. Ser como los niños, para conjurar el estrés, es destensionarse con el juego y el amor a la naturaleza. Es no vivir del qué dirán y encender en el cielo del alma dos faros luminosos: el amor y el humor.

Como adulto, despierta al niño que duerme en ti: sé más confiado y menos calculador. El reino de la infancia está abierto para ti al aceptar sin soberbia al niño como maestro de vida.

Somos sembradores

*D*esde el alba hasta el ocaso eres un sembrador. Con cada gesto plantas en los otros gérmenes de bien o de mal. Tu misión es trazar para todos un derrotero de luz con tus buenas acciones, que son valiosas semillas.

Como Francisco de Asís, siembra amor donde haya odio, perdón donde haya ofensa, fe donde haya duda. Siembra esperanza donde haya desesperación, alegría donde haya tristeza, luz donde haya tinieblas. La cosecha será espléndida si plantas con amor y cultivas con paciencia. El sembrador sabe esperar.

Al discernir con la luz del espíritu percibirás que a la larga cada cual recoge lo que sembró. El dicho popular lo sentencia "siembra vientos y recogerás tempestades". Inicia cada día con la ilusión de plantar lo mejor en el corazón de los otros y en el tuyo propio: los frutos serán estupendos.

Tú - Yo - Nosotros

*E*l gran pensador judío Martín Buber, nos enseña que nace un "nosotros" cuando un "yo" y un "tú" crean un diálogo amoroso. Es la concordia, la comunión de corazones, la unión de almas, la que le da sentido a la unión de los cuerpos.

Cuando en una relación se impone el "yo" no hay espacio para la unidad porque reina el egoísmo. Cuando una pareja se ama, sin que nadie se despersonalice, es común que el nosotros sustituya al yo: "Estos son nuestros hijos", "este es nuestro hogar", "nosotros fuimos allá...". Pero si falta una relación dialógica, cada uno afirma su ego y trata de sojuzgar al otro: "Yo mando. Yo creo, yo decido..."

Cuando te amas a ti mismo, amas a Dios y amas a los demás, maduras para convivir y gozar de la unidad. Si te valoras también aprecias al otro, lo respetas y nace ese "nosotros" que es rasgo de fraternidad.

Morir para vivir

*P*iensa en la muerte con esperanza, como un nuevo comienzo, no como un fin definitivo. El ansia de inmortalidad que anida en el íntimo de todo ser pide un más allá para ser más y dar más.

La comunión de amor con los seres queridos, que se afianza con la muerte, nos habla de otra vida más plena. "Quien sabe si la vida no es lo que los hombres llaman muerte, y la muerte, lo que los hombres llaman vida", afirmó Eurípides. La muerte no es un castigo ni un adiós; es un hasta luego y un paso al mundo fascinante del espíritu. Un espacio de libertad y plenitud en el que cada cual vive con los frutos de su siembra terrenal.

Expresa tus sentimientos y vive el duelo, pero no llores tanto por los difuntos; están más vivos que tú y quieren verte feliz, no muerto en vida. Ama a los que aún están a tu lado y así se disipará en gran parte tu desdicha. Morir es renacer.

Fidelidad

"Promcto serte fiel en la alegría y en el dolor, en la salud y en la enfermedad, en la pobreza y en la prosperidad; amarte y respetarte siempre". Este es el sublime compromiso en la ceremonia nupcial, para vivirlo con decisión cada día.

Nos hace tomar conciencia de una manera diáfana de la dimensión sacrificial del amor auténtico. Un amor que no es sólo para lo grato y lo que me gusta, sino que pide entrega, renuncia y abnegación. No es una escuela de masoquismo, pero se prueba en las dificultades y ante las penas. Fracasa en el amor quien no está educado para la disciplina y nada sabe de sacrificios.

Si tu relación está en crisis busca ayuda; consciente de que el tiempo empeora los problemas. Lucha antes de claudicar. Vive en unión con Dios y tu amor será fuerte y estable. Sin Dios el amor es desechable.

Historia del granjero

*U*n hombre puso este cartel en un terreno baldío que lindaba con su casa: "Este terreno le será obsequiado a quien esté verdaderamente satisfecho".

Un acaudalado granjero que atinó a pasar por allí se detuvo a leer el aviso y se dijo: "Voy a reclamar el sitio antes de que lo haga otro". Pensó: "Soy adinerado, tengo todo lo que necesito, de modo que cumplo con el requisito exigido". Se acercó, pues, a la puerta de la casa, llamó y explicó el motivo de su presencia.
-¿Estás verdaderamente satisfecho? Le preguntaron.
-Naturalmente que sí, tengo todo cuanto necesito.
-Amigo, le dijeron, si estás plenamente satisfecho, ¿para qué quieres este terreno?.

Dicen que pobre no es el que tiene poco, sino el que ambiciona mucho, y rico no es quien mucho tiene, sino quien mucho comparte. En el desapego está la mayor riqueza y en los valores espirituales el más grande tesoro. Usa las riquezas con libertad y amor.

Prisionero del rencor

*U*n ex-convicto de un campo de concentración nazi fue a visitar a un amigo que había compartido con él tan penosa experiencia.

-¿Has olvidado a los nazis?, le preguntó a su amigo.

-Sí, replicó, en un tono despreocupado.

-Pues yo no. Aún sigo odiándolos con toda mi alma.

-Entonces, aún te tienen prisionero.

El rencor suele hacer más daño que la ofensa recibida. Aprender a perdonar es aprender a vivir. Cancelas las ofensas si reconoces tus fallas y así te tornas comprensivo con las razones ajenas. No hay espacio para la venganza o el odio en un corazón colmado de misericordia. Dios es pura misericordia y compasión.

"Sed misericordiosos como es misericordioso vuestro Padre Celestial que manda el Sol sobre malos y buenos y la lluvia sobre justos e injustos", decía Jesucristo. Amas cuando perdonas, perdonas cuando comprendes, comprendes cuando actúas con misericordia.

¿Por qué?... ¿Por qué?

¿*P*or qué este cáncer?, ¿¡Por qué murió así!?
¿Por qué este accidente? ¿Por qué... Por qué?.
Son preguntas que nos hacemos ante males que
no creemos merecer. Pero haz de saber que en
la vida somos solidarios en lo bueno y en lo
malo.

Disfrutas infinidad de logros sin esfuerzo:
servicios, inventos, medicamentos, tecnología.
Miles de inventores y científicos lucharon por
años para hacer más grata tu vida.
Semi-inválido Pasteur investigó 28 años y nos
dejó la vacuna. ¿Por qué tantos bienes que
quizá no merecemos? Ora y medita para aceptar
con serenidad el acíbar así como gozas con la
miel. Evita quejas que sólo aumentan la
amargura.

Recuerda también que los males se deben a
falta de prevención y malas decisiones. Con fe y
amor se sacan bienes de los males. "Cada
lágrima enseña a los mortales una verdad" H.
Foscolo.

Autoestima

Desde que me amo más a mí mismo percibo que me es fácil amar a los demás. Las energías que antes dilapidaba en la autocompasión y las quejas las uso ahora para la autoestima. Soy positivo desde que hago diario balance de mis bienes y doy gracias por los dones recibidos.

En mi alma ya no hay lugar para la melancolía y la pesadumbre porque me acepto y acepto a los otros. Sé que soy único y al no compararme con los demás se esfuman la envidia y la soberbia. Veo que siempre recibo más de lo que doy. Me valoro por lo que soy, no por lo que tengo.

La autoestima me frena para no manipular a otros y no dejar que abusen de mí: respeto y me hago respetar. Amarme es cultivar mi vida espiritual, dejar malas compañías, ser solidario y servicial. Amo y me aman. Sé dar y sé recibir.

Vivos "muertos"

*T*us difuntos, que entran a otra vida en el más allá, no quieren verte entrar en la muerte en el más acá. Desean ver que sigues adelante con ánimo aún en medio del dolor. No seas un "vivo muerto" debido a torturantes lutos.

Aunque no sientas deseos, pasea, recibe visitas, oye música, trata de seguir tu vida lo más normal que puedas. No es fácil, pero lo puedes lograr poco a poco si te ayudas y te dejas ayudar. La congoja será tu ingrata compañera si no aceptas la realidad y no avivas la esperanza. Tus difuntos no están muertos: al morir nacieron para la vida eterna. Los difuntos no reencarnan, pero sí resucitan, es decir, viven en la paz, el amor y la luz de Dios según su vida terrena. Tan unidos a Dios como lo estuvieron acá.

La muerte no te deprime si tus relaciones son menos dependientes, si te amas más a ti mismo y valoras la fe, la amistad, el hogar y la salud. "Más vale una sonrisa dedicada a los vivos que mil lágrimas derramadas por los muertos", dice un sabio adagio popular.

Valorar las diferencias

Aprende a ser feliz con el gozo de los otros: es un rasgo de sabiduría. No impongas a los demás tu concepto de felicidad. Sé respetuoso y acepta las ideas que tus seres queridos tienen sobre su propia dicha, aunque sean opuestas a las tuyas.

En ciertas casas se amargan la vida por no respetar a los demás, ni a sus amistades, gustos, modas, o aficiones. Si ellos se sienten a gusto y a nadie le hacen daño, lo sensato es aceptar su modo de vivir. La convivencia se edifica sobre la tolerancia. Te evitas penas al valorar opiniones divergentes y alejas la desdicha al fomentar en tu familia la variedad, no la uniformidad. Los otros son originales, no fotocopias.

Muchos padres e hijos serían más felices si trocaran el egoísmo y la cantaleta por un amor respetuoso. Sin manipulaciones egoístas disfrutas buenas relaciones. Al ser tolerante sabes amar y ser feliz.

Los cerdos y el licor

*E*n la Universidad de Missouri se hizo un curioso experimento sobre los efectos del alcohol en los cerdos. Se echó una mezcla de licor y zumo de naranja en los bebederos de 9 cerdas. Ya se conocía el orden jerárquico de la piara.

La jefe apartó a todas y con muestras de placer se bebió un par de litros. Poco después estaba tan ebria que con pasos vacilantes acabó por caer sobre el vientre y quedó tumbada roncando. A partir de ese momento dejó de ser respetada por las demás marranas, aunque éstas también estaban borrachas. La tercera en el rango, que era la más sobria, quedó como jefe de la piara.

El guayabo debió haber sido horrible, pero lo que más afectó a la guía fue verse despojada de su autoridad. Tanto que no volvió a probar una gota de alcohol aunque se le ofrecía tentadoramente. Por propia iniciativa se convirtió en abstemia y así, a los 9 días, recuperó su puesto al frente de la piara.

Orar bien

*T*e preguntas: "¿Por qué oro sin buenos resultados?" Acaso porque lo haces sólo con los labios. Ora con el corazón. Al orar, habla menos y ama más.

Quizás porque eres amoral. Vive con rectitud. Que tu plegaria goce del aval de la honestidad para que sea fructífera.
Seguramente porque quieres que Dios haga tu voluntad.
Ora para ser un hacedor de la voluntad divina.
A lo mejor porque sólo sabes pedir. Aprende a alabar, a perdonar, a agradecer y a meditar en silencio.
Quizá porque no perseveras y buscas resultados inmediatos. Fortalece tu oración con la esperanza y la paciencia.
Tal vez porque únicamente oras en la necesidad y cuando te nace. Acaso porque tu fe es débil y sin convicciones profundas o porque te engañas al esperar que la oración lo arregle todo.

No basta con rezar, hay que actuar. Lo dice el refrán: ayúdate que yo te ayudaré.

Amar de verdad

"*E*stoy seguro de que si Cristo volviera, bendeciría la vida de muchos que jamás han oído hablar de El. Seres que con su vida son un ejemplo vivo de las virtudes practicadas por Cristo: la virtud de amar al prójimo como a sí mismo, la de hacer el bien a todos y no hacer mal a nadie". Gandhi.

Sublime intuición del gran maestro hindú. Dios mira los corazones, no las apariencias. El sello del cristianismo no está en un nombre o en ritos vacíos, sino en una vida saturada de amor. El mundo pide a gritos a los creyentes esa luz que irradian las buenas acciones. En medio de tanta injusticia se nos pide solidaridad y en medio de tanta vileza se nos pide bondad.

Anímate a hacer el bien por tu propio bien y el de los otros. La religión es crear hermandad. Tu alma se llena de riqueza cuando combates la pobreza. Si amas de verdad eres cristiano aún sin conocer a Cristo.

El pastor positivo

"*L*e preguntó un individuo a un pastor en el campo. "¿Qué tiempo cree usted que vamos a tener hoy?", "El tiempo que yo quiero", respondió el pastor. "¿Y cómo sabe usted que va a hacer el tiempo que usted quiere?" " Verá usted, señor: cuando descubrí que no siempre puedo tener lo que quiero, aprendí a querer siempre lo que tengo. Por eso estoy seguro de que va a hacer el tiempo que yo quiero.

Tu gozo o tu desdicha no dependen de las cosas, sino del modo como asumes la realidad. Sé amoroso y positivo y conservarás la calma aún en medio de fuertes dificultades. Sé espiritual para ser feliz. En la Biblia se llama espiritual a quien se deja guiar por el espíritu de Dios en la oración asidua.

Si Dios está contigo y tú estás con Dios, descubres que su yugo es suave y su carga ligera. Mateo 11.30. Como amigo de Dios y de los demás te es fácil querer lo que tienes y lo que haces.

Siembra y cosecha

*U*n agricultor, cuyo maíz siempre había obtenido el primer premio en la feria del estado, tenía la costumbre de compartir sus mejores semillas con los agricultores de los contornos. Le preguntaron por qué lo hacía y dijo: El viento tiene la virtud de trasladar el polen de unos campos a otros. Por eso, si mis vecinos cultivan un maíz de clase inferior, la polinización rebaja la calidad de mi propio maíz. Esta es la razón por la que me interesa enormemente que sólo planten el mejor maíz.

Al dar con largueza siempre recibes en abundancia. El bien que haces vuelve a ti y el mal que obras acaba por hacerte daño. La impunidad no reina en la esfera del espíritu: gozas o sufres los efectos buenos o malos de tus actos. Sé un sembrador de justicia, amor y unidad y tus buenas obras darán frutos espléndidos.

No te rebajes siendo vengativo; espera y verás cómo cada cual ríe o llora por la ley de la causa y el efecto.

Poder de elección

Salió un anciano en un popular programa de televisión y cautivó a todos con su entusiasmo y buen humor.

-Se ve a las claras que usted es un hombre feliz, observó admirado el animador, ¿cuál es el secreto de su felicidad?.

-Vaya, hijo contestó el viejo, es muy sencillo: cuando me levanto por la mañana tengo ante mí dos alternativas: una es ser desgraciado, la otra ser feliz. No soy tan tonto como quizás se crea. Soy lo bastante listo como para elegir la felicidad. Así que mentalmente me decido a ser feliz... Y eso es todo.

Amate a ti mismo y decide ser feliz con todas las fuerzas de tu corazón y por todos los medios. Renueva esa decisión en cada alborada, y con valores espirituales colma tu vida de luz y tu alma de paz. ¡Sonríe, elogia, anima, comparte, desecha la soberbia, controla el mal genio, en suma, elige ser feliz!

El poder de elección es el poder más valioso que tienes. Atrévete a usarlo para que otros no elijan por ti.

Lección de amor

*E*n el ambiente tétrico de una leprosería
despertaba admiración la paz y la alegría de
uno de los enfermos. La religiosa quiso saber la
razón y se propuso averiguar qué le sostenía al
ánimo, así que se dedicó a observarle. Esto fue
lo que vio:

Todos los días, por encima del muro, asomaba
el rostro sonriente y dulce de una mujer. El
leproso aguardaba junto al muro esperando esa
sonrisa que fortalecía su esperanza. Al verla,
sonreía él a su vez y el rostro desaparecía hasta
el día siguiente. "Es mi mujer", le dijo a la
religiosa cuando ella lo sorprendió. Y añadió:
"Antes de venir yo aquí, ella me cuidó a
escondidas con todos los medios a su alcance.
Diariamente me untaba la cara con una pomada
que le dio un curandero, pero dejaba un
rinconcito sin untar: justo el espacio suficiente
para depositar sus labios. Pero todo fue inútil.
Me obligaron a recluirme en este centro. Ella
me siguió, y al verla cada día, sé que por su
amor estoy vivo.

Amor a sí mismo

*E*l siguiente testimonio nos puede ayudar a revaluar nuestra autoestima, y fue contado por alguien que rehizo su imagen y trascendió muchas limitaciones: "De muchacho yo tenía un enorme complejo de inferioridad y vivía desmotivado y sin metas. Solía ir de un lado a otro pensando negativamente; no valgo nada, no soy brillante y carezco de habilidad. Me di cuenta, al cabo del tiempo, que los demás actuaban ante mí de acuerdo con esa imagen que proyectaba. Y siempre es así: inconscientemente la gente nos trata según lo que pensamos de nosotros mismos".

Examina con detenimiento la autoimagen que reflejas. De ella depende tu felicidad o tu desdicha. Ámate para ser amado, valórate para que te aprecien. Si no te respetas, ¿quién te va a respetar?

Sin ser narcisista, cuenta tus dones y crece en seguridad y en una sana autoestima. ¡Dios no hace basura! Recuerda que el amor a sí mismo es la fuente del amor a los demás.

El amor no es ciego

*E*s falso, aquello de que el amor sea ciego. Engaño de aquellos que confunden el amar y el querer. La que es ciega es la pasión, la fuerza desbordada de un ímpetu sexual sin cariño y sin valores. Ciego es también el capricho del enamorado que ve la faltas, pero se cree alquimista y jura: "Yo lo(la) voy a cambiar". Craso error que suele llevar a relaciones frustrantes y penosas. Para amar no te quites la cabeza; piensa y actúa. Recuerda que enamorar es fácil y amar es difícil. El amor tiene los ojos muy abiertos.

"El amor es luz, claridad meridiana que recogemos para enfocarla sobre una persona. Merced a ella el ser favorecido queda con inusitada iluminación y ostenta sus cualidades con toda plenitud. Lo normal es que el amador tenga de un ser una visión más exacta que el indiferente. No, el amor ni miente, ni ciega, ni alucina: lo que hace es situar lo amado bajo una luz tan favorable que sus gracias más recónditas se hacen patentes". Ortega y Gasset.

Respeto al anciano

*L*os monos babuinos respetan a los monos más viejos porque saben que necesitan de su experiencia para sobrevivir. En una horda de 50 o más monos que caminan por la estepa, los de más edad siempre van a la vanguardia, y los más jóvenes se quedan en la retaguardia.

En el centro se protege a las hembras y sus crías, y alrededor de éstas a los machos más viejos. Se creía que los jóvenes determinaban la dirección y la meta del viaje, pero se descubrió esto: cada 3 ó 4 minutos los jóvenes reciben instrucciones de los viejos mediante ademanes. Son señas que indican opciones como: seguir adelante, a la derecha, a la izquierda, alto y otras más. Se obedece a los viejos y se les cuida porque saben cómo evitar los peligros y encontrar alimento.

Velar por la tercera edad es asegurar un mejor porvenir social y abandonar a los ancianos es trazar un futuro incierto.

La voz de Dios

Acababa de morir un hombre que había
pasado toda la vida cargado de deudas. El
emperador Augusto dio orden de que se
comprara el colchón en el que el tramposo había
dormido tantos años. "Debe ser un colchón
excelente", dijo el emperador, "si ese infeliz pudo
descansar en él sin paz en la conciencia".

¿Qué clase de conciencia tienes tú? La
conciencia sólo es la voz de Dios para los que
viven unidos a El y hacen su voluntad. Unos no
oyen esa "voz de Dios" en absoluto, pues el mal
los domina. Otros la oyen a veces en onda media
y algunos en F.M. A través de la oración mental
y la lectura de textos sagrados Dios, les habla al
corazón en "Frecuencia Modulada" y ellos oyen
y practican.

Sólo así su conciencia iluminada es una buena
guía para actuar con ética y andar rectamente.
Sólo entonces pueden tener una conciencia bien
formada. Es lo que tú necesitas para gozar de
paz interior.

Así es el amor

Confesión del gran pintor holandés Vincent Van Gogh "Yo siempre he creído que el mejor medio de conocer a Dios es amar mucho". Es cierto, la fe que Dios quiere y que mejora el mundo es un amor que se prueba en las obras.

Un amor abierto a la comprensión y dispuesto a aceptar al otro y a perdonar sus yerros. Un amor no condescendiente con la injusticia, amigo de la equidad, servicial y solidario. Un amor que se afianza con la sinceridad, como manantial de la confianza y tumba de la duda. Un amor que se renueva en cada amanecer con los detalles, el estímulo y el diálogo sereno. Un amor alumbrado por el respeto: sin dominio, sin manipulación, sin ultrajes ni agresiones.

Vive unido a Dios que es amor, para poder amar de verdad. Decídete a amar y dedícate a amar para ser feliz y dar felicidad.

Justicia

*E*sta es la pasión del hombre de hoy que nos debe inquietar para acabar con tanta injusticia: al 15% de los hombres les sobra comida. 25% tienen una alimentación normal. 40% están mal nutridos y 20% están totalmente subalimentados.

Cada día mueren 100 mil personas de hambre en el mundo. De cada seis niños que nacen, uno viene al mundo falto de peso, vulnerable a la enfermedad y propenso a una muerte precoz. Cada persona rica consume de 20 a 40 veces más que un pobre del Tercer Mundo. Según datos del Banco Mundial, los países ricos, con el 25% de la población mundial, gastan el 80% de los recursos del planeta.

Los recursos de los millones que viven en extrema pobreza, equivalen a la mitad de la suma que se gasta en familias ricas o de clase media en el mantenimiento de sus animales. Un mundo en el que la injusticia genera violencia necesita miles, millones de buenos samaritanos, de buenas personas justas y solidarias.

La peor enfermedad

Jamás he encontrado a hombre o mujer alguno que se haya negado a decir a Dios: "Dios mío, te amo. Señor, me arrepiento". Albergamos miles de leprosos. Son admirables aunque están desfigurados en sus carnes.

En una Navidad les dije que Dios sentía un amor especial por ellos. Que su enfermedad no era fruto del pecado ni voluntad divina. Un hombre anciano que estaba desfigurado por completo trató de acercarse a mí y me dijo: "¡Repítelo de nuevo, me hace tanto bien! Siempre he oído que nadie nos ama. Es maravilloso saber que Dios nos ama. ¡Dilo de nuevo!".

Es un testimonio conmovedor de la Madre Teresa de Calcuta, quien afirma. Existen medicinas para toda clase de enfermedades. Pero a menos que se den manos bondadosas para servir y corazones generosos para amar, no se podrá curar la terrible enfermedad de no sentirse amado.

De buena gana

Se cuenta que un periodista visitaba un hospital y se asombró al ver cómo una religiosa limpiaba con cariño las llagas purulentas de un enfermo. Con la nariz cubierta para soportar el hedor le dijo: "Hermana, yo no haría eso ni por diez mil dólares". La hermana sonrió y respondió con sencillez: "Yo tampoco. Lo hago por amor a Dios y al hermano".

Cualquier tarea fácil se vuelve dificilísima cuando se hace de mala gana". Horacio. Pon el corazón en lo que haces y hasta el fardo más pesado se hará ligero y soportable. El amor y la fe permiten a muchos sobrellevar con calma terribles penas o dolencias.

Los seres orantes crecen en capacidad de aceptación y conservan la calma cuando otros reniegan. El amor a Dios y a los demás te impide hundirte en el tremedal del descontento cuando el dolor pesa.

Cuidar el espíritu

¿*P*or qué te extrañas ante los problemas que sufres y las penas que te acongojan? Ese desconcierto es normal en aquellos que no dedican nada a su espíritu, o que a lo sumo le destinan migajas de su tiempo y sus energías. Deberías más bien preguntarte: "¿Por qué no sufro más conflictos yo que tengo un alma enclenque?"

No te asombres del mal genio, la tensión y las crisis cuando tu práctica religiosa es ocasional. Dedica buen tiempo a la plegaria y a las buenas lecturas. Aprende a relajarte y a descubrir a Dios dentro de ti. Haz con frecuencia un reciclaje espiritual en tu alma: convierte el odio en amor, el rencor en perdón, la violencia en paz.

Se odia a si mismo quien cae en un materialismo asfixiante; se ama, quien cultiva su vida espiritual. Entra con ánimo al mundo de los valores y espera jubiloso no un futuro perfecto, pero si más alegre y apacible.

Comunión de amor

*L*os maestros espirituales viven su relación con Dios en un clima de amistad, enamoramiento y amor. Nos llaman a practicar la religión, no por obligación, sino como comunión amorosa con Dios, el amado y sus criaturas.

Las poesías místicas de San Juan de la Cruz logran despertar en el alma ansias fuertes de Dios: "Mi amado, las montañas, los valles solitarios nemorosos, las ínsulas extrañas. Los ríos sonorosos, el silbo de los aires amorosos. La noche sosegada en par de los levantes de la aurora, la música callada, la soledad sonora, la cena que recrea y enamora".

Versos celestiales que tratan de balbucir en lenguaje humano la inexplicable unión del alma con el divino amado. Hoy se buscan con afán seres con mística hasta en los negocios y la política. La mística auténtica supera los talentos humanos y brota de una unión amorosa con Dios, fuente de todos los dones.

Valores

Se sorprende uno gratamente al escuchar a un economista que le da trascendencia a los valores espirituales. Es lo que hace William Ouchi, autor de "Teoría Zeta", libro de éxito en el campo del comercio y las finanzas.

Así se expresa en el prólogo de su famosa obra: "Este libro versa sobre la confianza, la delicadeza y la intimidad. Confianza de mi primer pastor que tenía fe en los miembros de su comunidad. Delicadeza de mi madre, mi hermana y mi padre, que me guiaron sin imposiciones. Intimidad de mi esposa que me demostró que los valores sólo perduran con una estrecha cercanía".

Podemos confiar en un mañana de esperanza si el humanismo no se ve desplazado por el materialismo desbordado. Por confundir auge económico con éxito personal, muchos acaban con su vida, tensionados y solitarios.

Cómo morimos

Quien muere por un accidente o un atentado muere contra la voluntad de Dios. El no quiere que haya irresponsabilidad ni violencia. No es por designios inescrutables de Dios que muere un ser querido, sino por decisiones humanas.

Es voluntad del Señor que seamos mortales, pero es voluntad de los hombres cuándo y cómo morimos. Dios no nos quita a las personas, ni viene a llevárselas aunque es cierto que al morir vamos hacia Dios. Todos acortamos nuestra existencia por no saber vivir y otros adelantan nuestra muerte como agentes del mal. El día de la muerte no está fijado por un destino fatal. Yo elijo mi muerte u otros la eligen para mí, y Dios respeta nuestra libertad.

Lo importante es convencerse de que la muerte es el paso a otra vida mejor: los difuntos no están muertos, están más vivos que nosotros. Un día volveremos a encontrarnos para amarnos sin fin.

Control mental

Capablanca, el gran jugador de ajedrez, se mostraba tan superior a sus rivales que éstos y los expertos lo consideraban invencible. La sorpresa fue inmensa cuando perdió el campeonato ante un jugador nada brillante, Alekhine, a quien nadie creía una amenaza.

Un estudioso del juego ciencia cuenta cómo lo logró: "Alekhine se preparó mental y espiritualmente para ganar. Se retiró al campo para aprovechar la paz que brota del silencio, la soledad y la meditación. Dejó de fumar y de beber y durante tres meses jugó al ajedrez con la imaginación. Así colmó su mente de positividad y antes de enfrentarse a Capablanca ya se veía como triunfador".

En el juego de la vida tú vences cuando desechas los pensamientos derrotistas y con disciplina huyes del desaliento. "Gobierna a tu mente o ella te gobernará a ti", decía el poeta latino Horacio.

Parábola oriental

*U*n tendero acudió afligido al maestro para decirle que enfrente de su tienda habían abierto un almacén que amenazaba con obligarle a dejar su negocio. Su familia había regentado la tienda durante un siglo y perderla ahora significaría su bancarrota.

El maestro le dijo:
-Si temes al propietario del gran almacén, acabarás odiándole. Y el odio será tu ruina.
-¿Qué debo hacer, pues? Preguntó el desesperado tendero.
-Sal todas las mañanas a la puerta de tu tienda y bendícela deseando prosperidad. Luego, vuélvete al almacén y haz otro tanto.
-¿Qué dices? ¡Bendecir al que me hace la competencia y va a destruirme?
-Cada una de tus bendiciones sobre él, redundará en tu propio beneficio. Cada mal que le desees servirá para tu desventura.

Pasado el tiempo regresó el tendero y le dijo al maestro:
-Tal como me temía tuve que cerrar mi tienda, pero ahora estoy al frente del gran almacén y los negocios andan mejor que nunca.

Educación y confianza

*E*n el sombrío elenco de los temores y las fobias hay una que consiste en un exagerado miedo al fracaso. Es el fruto nefasto de una educación en la que el temor ha usurpado el puesto del amor. Se malforman así seres que navegan por la vida esperando naufragios que ellos mismos propician con su pesimismo.

Programan a sus hijos para la frustración los padres que ven todo negativo y son amargados y quejumbrosos. El mal que existe no nos puede cegar para apreciar el bien y motivarnos al triunfo y la superación. Sé consciente de tus limitaciones, pero más aún de tus talentos. Con fe, esperanza y amor eres un vencedor. Sé cauteloso, pero no desconfiado; no andes esperando lo peor.

El mal hace noticia aunque hay más luz que oscuridad. Si Dios está contigo y tú estás siempre con El, el horizonte se despeja y los obstáculos se toman como desafíos.

348

Luz del mundo

*E*n Melbourne la Madre Teresa de Calcuta fue a visitar a un anciano ignorado por todos.

Su habitación estaba desordenada y sucia. Intentó limpiarla, pero él se opuso, diciendo:

-Déjala, está bien así.

-Había una lámpara magnífica, cubierta de polvo. Le pregunte:

-¿Por qué no la enciendes? Me contestó:

-Para qué, si nadie viene a verme. Yo no la necesito. Le dije entonces:

-¿La encenderás si las hermanas te vienen a visitar? Sí, con tal que pudiera escuchar una voz humana en esta casa, la encendería.

Así se hizo y cuenta la Madre Teresa que con el tiempo le llegó a Calcuta una misiva con estas palabras:

-Amiga, la lámpara que prendiste en mi vida sigue encendida.

Estos son los seres a los que tenemos que amar. El dinero no basta. Ellos necesitan servicio y amor. Pongamos el amor por obra; empecemos por nuestra familia. ¡Animo! enciende luces en un mundo oscuro con el amor y la bondad, la fe y la solidaridad. ¡Tu vocación es ser luz del mundo!

Qué es amar

Se suele hablar del amor con superficialidad. Aprende, pues, a profundizar y a descubrir la esencia de ese poder amoroso que tienes.

El poeta argentino Francisco Luis Bernárdez nos ilumina con sus inspirados versos para comprender qué es el amor: "Es recobrar la llave oculta que abre la cárcel en que el alma está cautiva. Es levantarse de la tierra con una fuerza que reclama desde arriba. Es sospechar que, para siempre, la soledad de nuestra sombra está vencida. Es descubrir dónde se juntan cuerpo y alma. Es descubrir el derrotero que lleva al reino de la música sin tasa. Es entender la pensativa conversación del corazón y la distancia.

Es adueñarse de las noches y los días. Es ignorar en qué consiste la diferencia entre la pena y la alegría. Es libertarse de sí mismo y estar unido con las otras criaturas. Es compartir la luz del mundo y al mismo tiempo compartir su noche oscura".

Diario de Ana Frank:

"*E*l mejor remedio para el que tiene miedo o se siente solo o desgraciado, es salir al aire libre y encontrar un lugar aislado para estar en comunión con Dios y la naturaleza. Solamente entonces se siente que todo es como debe ser y que Dios quiere ver a los hombres felices en la naturaleza simple y bella.

Mientras todo esto exista, y será sin duda así, estoy segura que toda tristeza encontrará consuelo a pesar de las circunstancias". La comunión amorosa con el Creador y las maravillas de su Creación te liberan de la presión de la angustia. Enfrenta los problemas con denuedo y permite que el ánimo goce de albergue permanente en tu alma.

Sé constante en la oración para que el espíritu de Dios te guíe y sea el hontanar de tu fortaleza. Ama a Dios, a los demás, a la naturaleza, y sobre todo ámate a ti mismo. La autoestima te da fuerzas para superar el temor o la soledad.

Gansos en la boda

*E*l pueblo chino guarda una atrayente tradición: Llevar a las bodas una pareja de gansos, símbolo de fidelidad. Estos animales, al igual que los cisnes, no cambian de pareja y conservan una relación estable de por vida.

Un don que lucen quienes vacunan su relación contra la rutina, mediante buenas dosis de creatividad e innovación. También los que sin ser conformistas saben ser comprensivos. No sueñan con lo ideal y con calma aprenden a sobrellevar flaquezas y a perdonar agravios, porque descubren que al hacer un balance hay más luz que sombra en su hogar.

Siguen unidas las parejas que hacen de su convivencia una diaria conquista. "El amor que no está brotando continuamente, está muriendo continuamente". Jalil Gibran. Es rica en amor y unidad toda pareja que es rica en fe y vida espiritual. El materialismo asfixia una relación. No es malo tener; la que daña es la codicia.

Vivir en oración

*H*ay paz en tu corazón si vives en oración. No dialogues con Dios sólo en la necesidad o en instantes fugaces. Haz de la plegaria amorosa una actitud de vida. Que el amigo Dios sea para ti ese sol que a todas horas te brinda luz y calor, no un cometa que pasa raudo por el cielo de tu alma.

Mientras más tiempo sacas para orar, menos te acosan los problemas y disfrutas de sosiego espiritual. Un gran maestro, San Juan de la Cruz, sabía lo que decía: "Quien huye de la oración, huye de todo lo bueno". Orar es mucho más que pedir, es alabar, bendecir, dar gracias, amar al Creador y disponerse a hacer su voluntad. Para orar cierra tus labios y tus ojos y abre tu corazón, a fin de sentir a Dios en el templo interior.

Dios mora en ti y el silencio y la soledad te ayudan a meditar para escuchar su voz y exclamar con Juan de la Cruz: "Quedeme y olvideme, el rostro recliné sobre el amado, cesó todo y dejeme, dejando mi cuidado entre las azucenas olvidado".

Educación familiar

*U*na adolescente dió a su mamá que cumplía 41 años una crema para desvanecer las arrugas.
-¿Qué le regaló su hija los años anteriores?, preguntó uno de los invitados. Ella replicó sin titubear:
-Las arrugas.

Los hijos son graduados en pedir y aprendices en dar. Saben exigir sin exigirse. Hay que educarlos para que sean corresponsables y cumplan con sus deberes antes de reclamar sus derechos. Se evitan arrugas y sinsabores los padres que no son superprotectores. Educan sin dependencias que despersonalizan.

Conviene ver a la familia como una empresa en la que a cada quien se le retribuye según lo que da. En la que hay un reglamento que se respeta y unos límites que se imponen, con un justo equilibrio entre la suavidad y la firmeza. Se logra si en el hogar vale más lo espiritual que lo material.

Tenacidad

Sé amigo de leer biografías de los grandes hombres y en el arte de vivir no serás aprendiz, sino maestro consumado. Descubrirás cómo el éxito no fue fruto del azar, sino del esfuerzo paciente y de la victoria sobre las dificultades.

El caso del inventor inglés James Watt es típico: nació en un hogar pobre; de sus cinco hermanos, tres murieron muy niños y el otro sucumbió en un naufragio. James era tímido, débil y enfermizo desde sus primeros años. Sus juegos eran deshacer y montar de nuevo los juguetes o hacer experimentos con la tetera de la cocina. Con grandes fatigas y penalidades logró terminar sus estudios de física en medio de continuas privaciones.

Se dedicó con tenacidad a construir máquinas de vapor hasta que perfeccionó un modelo tras sucesivos fracasos. Sin dejarse derrotar por el desaliento mejoró el émbolo y al fin obtuvo la fama con su célebre máquina de vapor, inventada en 1776.

Amigos del cambio

*E*n marzo de 1878, Edison presentó el primer fonógrafo industrial ante la Academia de Ciencias de París. Entre tantas personas que miraron con escepticismo el invento de Edison, hay una cuyo nombre ha pasado a la historia: el académico Bouillaud. Al escuchar los sonidos del fonógrafo se limitó a acusar al inventor de ventrílocuo.

En todas las entidades y agrupaciones hay seres lóbregos y negativos como Bouillaud; cerrados al cambio y a la innovación. No seas tú de esas personas que sólo saben frenar y prohibir, anquilosados en tiempos idos, fósiles vivientes. El mundo avanza gracias a aquellos que son creativos y saben correr riesgos. "El que cambia puede equivocarse, el que nunca cambia vive equivocado".

Alimenta la fe con sólidas razones para no caer en un oscuro escepticismo. Vive abierto al cambio para no estar cerrado a la vida.

La sencillez, llave maestra

L a reina Victoria de Inglaterra estaba casada con el príncipe alemán Alberto de Coburgo. Cierto día, tras una discusión, el príncipe se encerró en sus habitaciones. Poco después la reina fue a llamar a su puerta. "¿Quién es?" Preguntó él, que era el agraviado. "La reina de Inglaterra", respondió ella.

Siguió el silencio y la puerta continuó cerrada. De nuevo dijo el príncipe. "¿Quién es?" Con idéntica respuesta: "La reina de Inglaterra"; y así varias veces. El cambio se dio cuando él preguntó: "¿Quién es?" Y ella respondió: Tu esposa querido Alberto. La puerta se abrió inmediatamente de par en par.

La sencillez es llave maestra que abre todos los corazones. Las puertas se le cierran al soberbio y se le abren al humilde. Cada paso adelante en el sendero de la sencillez es también un avance en el camino de la reconciliación.

No juzgar

*E*l célebre médico Galeno solía decir: "El mejor médico es la naturaleza porque cura las tres cuartas partes de las enfermedades y nunca habla mal de sus colegas". ¿Alguna vez has reflexionado seriamente en los perjuicios de la maledicencia? Son más nefastos de lo que se suele creer.

Muchos viven tranquilos porque no matan ni roban, sin darse cuenta de lo mucho que hieren a los demás con sus intrigas y sus chismes. Habla bien de los ausentes y con firmeza interrumpe al que venga a enlodar tu alma con murmuraciones. Algunos ambientes se tornan intolerables porque se da la peor contaminación: la calumnia y el chismorreo.

Aplica la regla de oro: elogia con nobleza las cualidades de los demás y sé compasivo con sus fallas. La maledicencia es un cáncer que acaba con cualquier relación o ambiente de trabajo. La alabanza es el amor en ejercicio.

Responsabilidad sexual

"*E* res joven y deseas mujer e hijos, pero yo te pregunto: ¿Eres tan hombre como para tener el derecho de desear un hijo? ¿Eres el victorioso, el vencedor de ti mismo, soberano de tus sentidos, señor de las virtudes? Eso es lo que te pregunto. O bien, ¿tu deseo es sólo el grito de la bestia o de la indigencia, el miedo a la soledad o la discordia contigo mismo". Federico Nietzsche.

Sé responsable en tus relaciones: la sexualidad es el don divino de trasmitir vida; no un entretenimiento instintivo. Nadie se divierte con un arma cargada, pero con cuánta frescura se juega con la vida y se llega al aborto asesinato o a traer al mundo a un hijo no deseado.

Hay hijos que son fruto de las borracheras, de la pasión, de la curiosidad, del miedo o de la soledad. La solución no está en legalizar el aborto, sino en ir a la raíz de los males: educar para la responsabilidad. La solución está también en una formación sexual positiva, gradual, ética e integral.

Navidad es...

Si en tu sendero hay tiniebla y pesadumbre, deja que Dios te ilumine. El es luz que emana claridad y es fuente de calma y alegría.

Navidad es tiempo para una nueva mirada: aprende a mirar a los demás y al mundo con los ojos de Dios. Navidad es época para compartir: son felices los que saben dar, no los que sólo quieren recibir. El sabio sabe dar y recibir. Navidad es una ocasión magnífica para valorar lo espiritual: la felicidad no está en las cosas; es fruto del amor, la fe y la paz del corazón. Navidad es un llamado a perdonar. Si en tu corazón hay campo para el rencor, no hay espacio para Dios, que es pura bondad.

Navidad es una invitación a la auténtica alegría; aquella que brota de un alma dulce, sencilla y benevolente. Navidad es tiempo para estrechar los lazos de unidad familiar. No hay feliz Navidad donde hay altercados, ausencia de diálogo y relaciones superficiales.

Feliz Navidad

Cuando eres comprensivo y sabes perdonar sin alimentar el rencor, es feliz Navidad.

Cuando respetas a los demás con generosa tolerancia, es feliz Navidad.

Es feliz Navidad cuando sonríes y alegras al abatido, cuando guías al desorientado y compartes con el pobre.

Es feliz Navidad cuando avivas el amor que se extingue y en tu familia eres vínculo de unidad y fuente de concordia. Cuando brindas a los demás el regalo invaluable de un amor sincero, leal y desinteresado, obsequias el mejor aguinaldo.

Navidad es reconciliarse con el enemigo, acoger al extraño, hacer del corazón "una casa de puertas abiertas".

Navidad es no derrochar cuando millones mueren de hambre; es vestir al desnudo, dar de comer al hambriento y dar techo al miserable.

Cuando le dices sí a la vida y no a la muerte, sí al cariño y no al desdén, sí a la verdad y no al engaño, sí a la unidad y no a las contiendas, entonces, es Navidad.

Sed de Dios

*E*mmanuel es una hermosa expresión judía para designar al Creador; significa "Dios con nosotros". Aparece en un oráculo del profeta Isaías (7,14) y se aplica al Mesías, al Dios que viene como Salvador.

No hay que extrañarse de los agudos problemas familiares y sociales si Dios no está con nosotros y nosotros no estamos con Dios. El tiempo que el común de la gente dedica a Dios y al espíritu es el mínimo y eso, "cuando me nace...". Afortunadamente se percibe un despertar espiritual en ciertos ambientes; hay sed de Dios.
Personas de todas las edades y condiciones hacen de la lectura de la Biblia y de la oración un hábito diario, y practican su fe.

La religión brinda paz y amor cuando es una vivencia de la presencia de Dios y no un cúmulo de prohibiciones o de ritos vacíos. Vives más y mejor si Dios está contigo y tú estás con Dios.

Vida espiritual

No hay cáncer más terrible que el escepticismo, ni pesadilla más alucinante que la del desespero. Para que tu fe y tu optimismo resistan cualquier embate, necesitas cuidar con esmero tu vida espiritual y religiosa.

¿Cómo no vas a sufrir crisis de confianza si oras poco y mal? Dedica a la plegaria buenos minutos cada día. ¿Cómo no vas a arrastrarte decaído si piensas en Dios únicamente en la necesidad? Dedícate a ser un amigo que lo ama con todo el corazón. ¿Por qué te quejas del abatimiento y la depresión cuando únicamente miras lo malo y sólo haces balance de las fallas propias y ajenas? Piensa cada día en todo el bien que se hace, aprecia tus talentos, mira el lado bueno y grato de la vida.

Disfruta la música que apacigua, contempla admirado la naturaleza, goza con la poesía, el arte y las buenas compañías. Da gracias por todo lo que te rodea, por los que cuidan a los ancianos, a los enfermos y a los pobres. Ama la vida como el cuadripléjico que pinta con la boca. Valórate y sé feliz

Inventario

*L*os últimos días del año son tiempo propicio para un balance personal: Inventario de luces y sombras. Constatar con sinceridad si hemos avanzado y mejorado en nuestra vida o si hemos decrecido.

Según el resultado conviene planear con base en estrategias, medios y metas. Sólo así se harán cambios reales. De otro modo las promesas tan comunes el último día serán vanas, serán simples promesas. Para un buen inventario conviene buscar la soledad, crear el silencio, meditar y orar.

Es posible y fructífero ahondar en el propio conocimiento como principio de la sabiduría. "Es cosa tan grande este conocernos que no querría en ello hubiese jamás relajación. A mi parecer, jamás nos acabamos de conocer, si no procuramos conocer a Dios" decía Santa Teresa de Jesús. Conócete a ti mismo; así podrás dar más y ser más.

Hacer el amor

¿Qué sentido tiene tu vida si todos los días no haces el amor? ¿Cómo ansías ser feliz si no haces el amor desde la aurora hasta el ocaso?

Ahora bien, hacer el amor es mucho más que acostarse con alguien. Hacer el amor es aprender a dar sin interés, es respetar al otro sin manipularlo, es brindar confianza con sinceridad. Haces el amor cuando sonríes y compartes, cuando perdonas y eres comprensivo. Eres el amante perfecto cuando te dedicas a alguien con ternura y detalles, con el diálogo y la fidelidad. Sabes hacer el amor si ayudas al otro a superar sus fallas y a fructificar con sus talentos: si sabes estar con él en la luz y en la sombra, en las alegrías y en las penas.

Si maduras para amar de verdad entonces también disfrutarás al "hacer el amor" con amor en unas relaciones sexuales gratificantes y llenas de humanismo. La vida te enseñará que, de hecho, el amor no se hace, sino que se vive y que no es una experiencia fácil en el sistema consumista.

INDICE TEMATICO

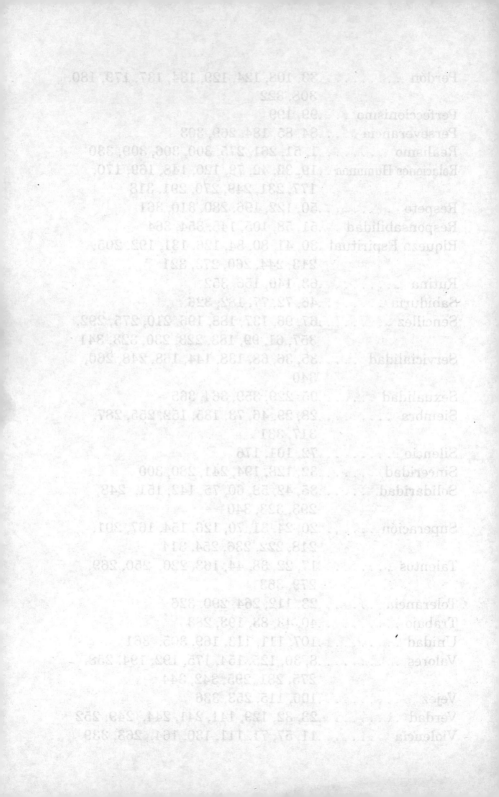